GAI教育领航者丛书

丛书主编　王晶莹　马玉娟　郑永和

课堂智变

生成式人工智能赋能学科实践

本书主编　李余仙

电子工业出版社
Publishing House of Electronics Industry
北京·BEIJING

内容简介

本书聚焦生成式人工智能（GAI）赋能学科教学的创新路径，系统阐述其与各学科融合的基础和核心机制，同时详细介绍了学科匹配及教师新角色技能。通过语义理解技术、图像分析技术、程序化问题解决技术等 10 项前沿技术，结合各学科的真实教学案例，本书全面展现了 GAI 在个性化学习资源生成、智能作业批改、跨学科项目实践等场景中的应用范式。

此外，书中还配套提供了 DeepSeek、文心一言、豆包和即梦 AI 等主流 GAI 工具的教学适配方案。这些方案旨在帮助教师突破技术认知壁垒，快速掌握 AI 赋能学科实践的革新方法，从而为教育数字化转型提供实践范本。

本书适合渴望提升数智化教学能力的一线教师、学校管理者及教育研究者阅读。

未经许可，不得以任何方式复制或抄袭本书之部分或全部内容。
版权所有，侵权必究。

图书在版编目（CIP）数据

课堂智变：生成式人工智能赋能学科实践 / 李余仙主编. -- 北京：电子工业出版社，2025.8（2025.12重印）. -- (GAI 教育领航者丛书). -- ISBN 978-7-121-51036-6
Ⅰ．G434
中国国家版本馆 CIP 数据核字第 20258HR087 号

责任编辑：张慧敏
印　　刷：北京建宏印刷有限公司
装　　订：北京建宏印刷有限公司
出版发行：电子工业出版社
　　　　　北京市海淀区万寿路 173 信箱　邮编：100036
开　　本：720×1000　1/16　印张：14.75　字数：236 千字
版　　次：2025 年 8 月第 1 版
印　　次：2025 年 12 月第 2 次印刷
定　　价：69.00 元

凡所购买电子工业出版社图书有缺损问题，请向购买书店调换。若书店售缺，请与本社发行部联系，联系及邮购电话：（010）88254888，88258888。
质量投诉请发邮件至 zlts@phei.com.cn，盗版侵权举报请发邮件至 dbqq@phei.com.cn。
本书咨询联系方式：faq@phei.com.cn。

[本书编委会]

主　　编：李余仙

副 主 编：黄余海　袁　蓓　林　琳

编委会成员：黄传昶　危光明　黄碧贤　罗　思　黄境炎
　　　　　　谭　鹏　邓　婷　刘欢欢　卢铭康　代　蕊
　　　　　　周绍华　成立贤　邹思依　王　楠　石　甄

[序言]

在教育领域经历数字化转型的当下,生成式人工智能(GAI)正以强大的颠覆性力量重塑课堂生态。《课堂智变:生成式人工智能赋能学科实践》紧扣这一时代命题,以系统化的理论建构和丰富的实践案例,勾勒出 GAI 与学科教学深度融合的创新图景。本书既立足教育本质,又直面技术挑战,为广大教育工作者提供了极具参考价值的行动指南,堪称智能时代课堂变革的"导航图"。

一、技术赋能:破解传统课堂的深层困境

传统课堂长期受困于两大深层矛盾:一是"标准化教学"与"个性化需求"的冲突,二是统一的教材内容难以适配学生的多元认知节奏。有限的教学资源制约实践探究的深度,教师的单向知识传递难以激活高阶思维。本书敏锐地捕捉到 GAI 的独特优势,提出其作为"认知增强工具"的核心定位:通过自然语言处理、多模态生成、数据分析等技术,GAI 能够突破时空与资源的边界,为每个学生提供定制化的学习支持。

在文科教学中,GAI 的语义理解与文本生成技术展现出强大的赋能能力。例如,面对文言文教学中"语境隔阂"的难题,GAI 可将《岳阳楼记》等经典文本转化为古今价值观对比表格,通过跨时代语义映射,可以帮助学生理解"先天下之忧而忧"的现代价值;在历史教学中,GAI 生成的虚拟辩论场景让学生与"虚拟历史人物"对话,在角色扮演中深化对史料的批判性解读;

在理科课堂中，GAI 通过程序化问题解决与虚拟仿真技术，有效破解了抽象概念理解的难题；在数学定理推演中，它能够动态生成多种证明路径，引导学生从不同视角理解勾股定理的本质；在化学实验模拟中，它实时呈现分子键断裂的三维动画，将微观世界的反应机理转化为可视化认知支架。艺术与体育教学则因 GAI 的创意辅助与动作识别技术焕发新生：智能绘画工具根据学生输入的关键提示词生成多种风格草图，激发创作灵感；运动姿态分析系统通过三维建模实时反馈动作偏差，让体育训练从经验指导转向数据驱动。

这些实践案例展示了 GAI 并不是简单替代传统教学手段，而是通过"技术赋能—认知升级—能力重构"的链条，破解课堂中"理解难、实践难、创新难"的深层困境，为学科教学注入精准化、沉浸式、创造性的新动能。

二、学科深耕：构建多维融合的赋能体系

本书的突出价值在于构建了"学科特性—技术适配—教学创新"的三维融合体系。作者深入剖析文科、理科、艺术与体育等学科的独特需求，针对性地提出 GAI 赋能路径，展现技术与学科本质的深度契合。

文科教学聚焦"语义理解与文化建构"，GAI 通过自然语言处理技术拆解文本逻辑，例如，在英语写作中实时标注"中式英语"表达并提供地道表达方式的建议，在历史教学中生成多视角史料分析矩阵，培养批判性思维。理科教学侧重"逻辑推演与实验模拟"，GAI 凭借符号推理与虚拟实验技术在理科教学中得以大显身手，如在物理课中模拟伽利略斜面实验的理想化过程，在生物课中构建基因编辑的动态模型，让抽象原理在可交互场景中具象化。艺术学与体育学学科则依托 GAI 的创作生成与感知反馈技术，打破"技巧训练"的局限：在美术课堂中，学生通过 AI 辅助完成从创意草图到数字作品的迭代；在音乐教学中，智能作曲工具帮助学生理解不同文化风格的和声规律；在体育训练中，动作识别系统精准定位运动短板，实现"技术—艺术—身体"的协同发展。

跨学科实践更是亮点纷呈。针对新课标"跨学科主题学习"要求，书中通

过"校园生态改造""智能交通优化"等真实项目案例,展示了 GAI 如何整合多学科知识图谱:在"碳中和校园设计"项目中,GAI 同步关联生物学的碳循环、工程学的材料力学、经济学的成本核算,生成跨域解决方案,引导学生在复杂问题的解决中发展系统思维。这种深耕学科特性又突破学科边界的设计,既尊重教育规律,又呼应时代对复合型人才的培养需求。

三、角色转型:定义智能时代的教师新范式

教师作为课堂变革的核心主体,其角色转型是本书的重要议题。本书作者提出,GAI 的普及推动教师从"知识垄断者"向"学习设计师""认知引导者""伦理守护者"三重角色跃迁,构建"人机协同"的新型教学关系。

在知识传递层面,GAI 承担数据处理、资源生成等机械性任务,教师得以解放精力聚焦高阶能力培养。例如,数学教师利用 GAI 生成的分层习题系统,无须耗费大量时间编写练习题,转而设计"问题链探究"活动,引导学生发现数学定理的现实应用;语文教师借助 AI 作文批改系统快速定位逻辑漏洞,将作文评改重心从语句纠错转向思维深度指导。在认知引导层面,教师的核心价值体现在"元认知培养"——当 GAI 提供丰富的学习资源时,教师需设计"批判性验证"环节,如在历史课中要求学生对 AI 生成的史料分析进行史实考据,培养"敢用技术而不盲从技术"的理性思维。在伦理守护层面,书中强调教师需筑牢教育的人文基底:在道德与法治课堂,GAI 可生成伦理困境案例,但引导学生建立正确价值观的对话过程,必须依托教师的情感共鸣与价值引领;在艺术创作中,GAI 辅助生成的作品需经教师引导,注入学生的个性化表达,避免技术同质化导致的创造力被削弱。

书中通过大量一线教学案例,展现了教师如何在人机协作中找到新定位:从"讲授者"转变为"情境创设者",如利用 GAI 生成虚拟历史场景,设计"穿越式"探究任务;从"评判者"转变为"对话伙伴",在与学生共同调试 GAI 生成的实验方案时,展现出持续学习的开放姿态。这种角色转型并非对教师专业性的消解,而是对教育本质的回归——当技术承担起"知识传递"的"体力活"

时，教师便能够得以全身心地投入"点燃思维火花"的创造性工作中。

四、未来展望：在守正中开拓教育新可能

面对技术带来的挑战，本书作者保持清醒的学术理性。作者坦言，GAI应用中数据安全、算法偏见、过度的技术依赖等问题不容忽视，但更强调在实践中构建"技术赋能与教育本质"的动态平衡机制。例如，提出"双轨验证原则"：要求AI生成的实验数据必须与真实实验对照，确保科学教育的严谨性；倡导"人机分工策略"：明确技术擅长处理结构化任务，而教师主导价值判断与情感交流，避免"机器可以取代人类"的认知误区。

展望未来，书中描绘的教育图景既充满技术张力，又坚守人文温度：当GAI成为课堂的"数字伙伴"时，每个学生都能获得"私人定制"的学习路径——数学薄弱者通过动态几何模型理解抽象概念，艺术特长生借助GAI拓展创作边界；当跨学科项目成为常态时，课堂不再是知识的碎片堆积，而是真实问题解决的"微型实验室"；当教师从烦琐的事务中解放出来时，教育回归"以心育人"的本质，师生在人机协同中共同探索未知，形成"技术赋能而不替代，智能辅助而不束缚"的良性生态。

《课堂智变：生成式人工智能赋能学科实践》的价值，不仅在于呈现前沿的技术应用案例，更在于构建了"理论框架—实践路径—伦理反思"的完整体系。它为一线教师提供了从备课、授课到评价的全流程指南，为教育研究者打开了技术与教育深度对话的新视域，为教育管理者提供了推动课堂变革的可行蓝图。在生成式人工智能加速渗透的当下，本书恰似一座桥梁，连接着技术创新与教育初心，我们确信：课堂"智变"的本质是为了实现每个学生的"质变"——在智能工具的辅助下，教育终将回归其本质使命：培养既能驾驭技术，又富有人文情怀、批判思维与创新能力的时代新人。

刘扬云
中国教育发展战略学会教育评价专业委员会秘书长
教育部教育评价改革研究基地常务副主任

[前言]

  人类正处在技术加速迭代、知识爆炸式增长的时代洪流之中。人工智能（AI），特别是生成式人工智能（Generative AI，GAI）的崛起，正以其惊人的学习、模仿与创造能力，深刻地重塑着社会生产和生活的方方面面，也为教育这一人类最古老而崇高的事业带来了前所未有的机遇与挑战。课堂，作为教育发展的主阵地，正站在一场深刻"智变"的门槛前。如何拥抱这一变革，让GAI成为赋能教育教学、促进师生共同成长的强大引擎，而非带来焦虑与颠覆的"黑箱"？这正是《课堂智变：生成式人工智能赋能学科实践》所致力于探索和解答的核心命题。

  回顾教育发展的历程，可以发现对更高质量、更具个性化、更富效率的学习体验的追求从未停止。从古老的"因材施教"理念到现代教育的"以学习者为中心"，教育的理想一脉相承。然而，传统的教学模式在面对日益增长的知识体量、学生间巨大的个体差异，以及未来社会对复合型、创新型人才的迫切需求时，常常显得力不从心。教师们背负着繁重的备课、授课、批改、辅导任务，难以对每一位学生都进行精细化的关注与指导；学生们则可能在"一刀切"的教学进度中感到迷茫或乏味，学习的潜能未能得到充分激发。

  GAI的出现，恰似为破解这些困境带来了一线曙光。它不再是简单的信息检索或流程自动化工具，而是具备了一定程度"理解"与"创造"能力的智能伙伴。基于大型语言模型和深度学习技术，GAI能够理解自然语言，生成文本、图像、代码、音视频等多种模态的内容；它能够模拟复杂过程，进行推演预测；它能够分析海量数据，洞察潜在规律。当这些能力被引入教育领域时，其潜力是巨大的：个性化学习路径的智能规划、教学资源的即时生成与适配、虚拟实验环境的低成本构建、学生学习过程的精细化追踪与反馈、跨学科知识的深度融合与创新……这一切都预示着，一场由技术驱动的课堂形态、教学方式乃至教育理念的深刻变革正在发生。

本书的编写正是基于对这一时代背景和教育需求的深刻洞察。一线教师是这场变革的亲历者和实践者，他们既对 GAI 的潜力充满期待，也对其可能带来的冲击感到疑虑。他们迫切需要理解 GAI 的核心机制，掌握将其有效融入学科教学的策略与方法，并对可能出现的伦理风险与挑战有所准备。因此，本书旨在搭建一座连接前沿 AI 技术与一线教学实践的桥梁，为广大教育工作者提供一份系统、实用、前瞻的行动指南。

全书的结构围绕"基础—应用—实践—展望"的逻辑展开。

第一章：首先从基础出发，深入浅出地介绍 GAI 的核心机制，如大型语言模型、深度学习、自然语言处理、模式识别等关键技术，帮助读者理解 GAI "能做什么""为什么能做"。同时，分析不同学科的教学特点与需求，探讨 GAI 技术与各学科融合的匹配性与应用前景，为后续的实践应用奠定理论基础。更重要的是，探讨在 GAI 时代，教师角色的转变以及所需具备的新技能，强调教师从"知识传授者"向"学习设计者、引导者、协作者"的转型。

第二章至第四章：是本书的核心应用部分，聚焦于 GAI 在不同学科领域教学中的具体赋能路径。第二章着眼于文科教学实践，重点探讨 GAI 在语义理解、文本生成与批改、资料分析与呈现、图像生成与数据可视化等方面的应用，展示其如何助力语文、历史、道德与法治等学科的教学创新。第三章则深入理科教学实践，阐释 GAI 如何在定理和定律推演、程序化问题解决、学科模型构建、过程预测，以及智能实操模拟等方面发挥作用，为数学、物理、化学、生物等学科带来新的教学可能。第四章将目光投向艺术与体育教学实践，探索 GAI 在智能绘画与创作辅助、音乐旋律生成与情感分析、动作识别与训练反馈等方面的独特价值，展现技术与美育、体育的融合潜力。这些章节力求结合具体的教学场景和案例，使技术应用具体化、情境化。

第五章：将视野拓宽至跨学科教学实践。面对新课标对"跨学科主题学习"

的强调，探讨 GAI 如何作为强大的资源整合与场景生成工具，支持项目式学习（PBL）的设计与实施，促进跨学科资源的智能关联与调用，构建沉浸式、交互式的学习体验，打破学科壁垒，培养学生的综合素养与创新能力。

第六章：回归到教育的主体——师生。本章关注 GAI 如何赋能师生互动、课堂评估、学习分析，以及深度学习环境的设计与支持。探讨如何利用 GAI 进行更精准的学情诊断，规划个性化的学习路径，创设更具适应性的学习环境，从而实现真正意义上的"因材施教"和"精准教学"。

在全书的撰写过程中，本书始终坚持两个基本原则：一是实践导向，力求内容贴近一线教学实际，提供的案例与方法具有可操作性和借鉴意义；二是审慎前瞻，既充分展示 GAI 赋能教学的巨大潜力，也客观分析其局限性与潜在风险，如数据隐私、算法偏见、伦理规范等问题，引导读者在拥抱技术的同时保持理性思考。技术终究是工具，教育的根本目的在于立德树人。GAI 的应用最终应服务于学生核心素养的提升和全面发展，服务于教师专业能力的提升和教学智慧的升华。正如书中所言，这应是一种"AI 铺路，人文架桥"的融合模式，技术的理性与人文的感性在此交汇，共同构筑教育的美好未来。

需要特别指出的是，GAI 技术正以前所未有的速度发展，今天的认知可能很快会被明天的突破所刷新。因此，本书更希望传递的是一种理念、一种方法、一种适应技术变革的姿态。它旨在激发教育工作者对 GAI 的好奇心与探索欲，鼓励大家在实践中不断尝试、反思与创新，将 GAI 真正内化为提升教学质量、促进教育公平、引领教育未来的得力助手。

"课堂智变"，变的是技术手段，是教学形态，不变的是教育的初心和使命。衷心希望，本书能够陪伴广大教育工作者在这场波澜壮阔的智能变革浪潮中，乘风破浪，智慧同行，共同开启学科教学的新篇章，为培养能够适应并创造未来的新一代贡献力量。

本书编委会

[目录]

第一章
GAI 与学科融合基础 / 01

第一节　GAI 的核心机制与学科应用前景　/ 02

一、GAI 的底层逻辑：大型语言模型与深度学习　/ 02

二、GAI 的关键能力：自然语言处理与模式识别　/ 08

三、GAI 的应用前景　/ 12

应用案例 1：GAI 动态分层精准教学实践　/ 13

应用案例 2：GAI 驱动的全流程教学管理优化　/ 14

应用案例 3：GAI 赋能的跨学科项目式学习实践　/ 15

第二节　学科特点与 GAI 的匹配分析　/ 17

一、文科学科的 GAI 赋能路径　/ 17

二、理科学科的 GAI 融合路径　/ 22

三、艺术学与体育学学科的 GAI 创新应用　/ 26

第三节　教师在学科实践中的新角色与新技能要求　/ 31

一、教师角色的转变　/ 31

二、教师的新技能要求　/ 35

三、教师的专业发展路径　/ 42

第二章
GAI 赋能文科教学实践：语义理解与图像分析技术 / 46

第一节　智能文本生成与批改 / 46

一、GAI 辅助文科文本生成的理论基础与批改技术原理 / 47

二、GAI 在语文、英语教学中的应用场景 / 50

三、GAI 在语文、英语教学中的应用案例 / 54

应用案例 1：智能辅助续写——生成多种"开头"写作风格 / 54

应用案例 2：古文学习"助推器"——提高文言文学习效率 / 55

应用案例 3：作文批改——实时精准批改 / 57

应用案例 4：情景对话——创设"真实情境" / 57

应用案例 5：写作批改，精准攻克中式英语表达 / 58

应用案例 6：跨文化交际模拟——培养"跨文化交际能力" / 59

第二节　智能资料分析与呈现 / 62

一、智能资料分析与呈现在文科教学中的应用价值 / 62

二、智能资料分析与呈现促进教和学方式转变的实施策略 / 64

三、智能资料分析在文科教学中的应用案例 / 66

应用案例 7：使用 DeepSeek 检索关于大运河的经典史料 / 66

应用案例 8：对 DeepSeek 检索的文本进行"二次加工" / 68

应用案例 9：学生使用人工智能评价大运河 / 70

应用案例 10：借助 DeepSeek 生成模拟法庭 / 71

第三节　智能图像生成与数据可视化技术应用 / 73

一、智能图像生成与数据可视化技术的应用价值 / 73

二、智能图像生成与数据可视化技术的应用场景 / 75

三、智能图像生成与数据可视化技术的应用案例 / 76

应用案例 11：数字化博物馆学习之旅 / 76

应用案例 12：基于"720 云"平台虚拟现实的地理实践活动 / 78

应用案例 13：借助 GAI 创作舞台剧 / 79

第三章
GAI 赋能理科教学实践：程序化问题解决与实操模拟技术 / 83

第一节 定理、定律推演与习题解决 / 83

一、数学定理怎么教 / 84

应用案例 1：勾股定理教学 / 84

二、物理规律怎么学 / 86

三、综合问题怎么解 / 95

应用案例 2：密码中的数学 / 97

应用案例 3：一次函数与二元一次方程 / 99

第二节 学科模型构建与过程预测 / 102

一、GAI 赋能生物学科模型构建与过程预测的应用场景 / 102

应用案例 4：GAI 赋能神经冲动动态模拟实验教学 / 103

应用案例 5：GAI 赋能生物学大概念教学形成知识网络 / 106

应用案例 6：GAI 赋能生物学科实施微观动态过程实时诊断教学 / 107

应用案例 7：GAI 赋能生物学教学新机遇——知识大爆炸时代促进学生创新性思维与工程学思维落地 / 110

二、GAI 赋能化学学科模型构建 / 113

应用案例 8：GAI 赋能高危化学实验教学新路径 / 115

应用案例 9：GAI 驱动化学教学创新 / 118

第三节 智能实操模拟与本质分析 / 121

一、小学科学教学现状与挑战 / 121

二、GAI 赋能小学科学教学的技术路径 / 122

三、实操模拟的本质特征分析 / 125

四、应用案例分析 / 130

应用案例 10：虚拟实验室——小学科学实验安全教学 / 130

应用案例 11：天文观测模拟——太阳系探索实践 / 130

应用案例 12：跨学科整合——生态系统的虚拟构建 / 131

第四章
GAI 赋能艺体教学实践：艺术创作与识别反馈技术 / 132

第一节 智能绘画与创作辅助 / 133

一、智能绘画与创作辅助的理论基础和设计原则 / 133

二、智能绘画与创作辅助的应用价值和应用场景 / 135

三、智能绘画与创作辅助应用案例 / 137

应用案例 1：智能绘制蛇年海报 / 137

应用案例 2：项目式学习"小小设计师——我们的书包" / 139

应用案例 3：美术与语文、历史学科融合《诗画千年：AI 重现＜清明上河图＞中的汴京生活》 / 142

第二节 音乐旋律生成与情感分析 / 146

一、GAI 赋能音乐旋律生成 / 147

二、GAI 赋能音乐情感分析 / 148

第三节 动作识别与训练反馈 / 150

一、GAI 赋能体育动作识别 / 150

二、GAI 赋能训练反馈 / 151

第五章
GAI 赋能跨学科教学实践：资源整合与场景生成技术 / 153

第一节 项目式学习设计与实施 / 154

一、小学科学 PBL 的现实困境与 GAI 破解路径 / 154

二、GAI 赋能 PBL 教学应用的理论基础与设计原则 / 156

三、GAI 在 PBL 实践中的应用场景 / 158

四、GAI 赋能 PBL 中的典型案例 / 159

应用案例 1：GAI+ 虚拟物理实验室——制作"我的小灯笼"项目 / 159

应用案例 2：GAI+AR 星座——寻找四季的"星星密码"项目 / 162

应用案例 3：GAI+ 数据可视化——制作声音高低不同的乐器 / 165

第二节　跨学科资源整合与设计　/ 168

一、GAI 赋能 STEM 教育的理论基础与设计原则　/ 168

二、GAI 在 STEM 教育实践中的高效应用场景　/ 174

三、GAI 在 STEM 教育实践中的应用案例　/ 175

应用案例 4：GAI 赋能"捞铁牛"STEM 探究教学　/ 175

应用案例 5：虚实共生·茶菌协奏——"普洱茶发酵"STEM 教育　/ 177

应用案例 6：GAI 赋能"火柴燃烧"STEM 教育　/ 179

第三节　学科场景生成与体验　/ 182

一、GAI 赋能的学科场景建构理论体系　/ 182

二、GAI 在以编程和劳动学科为核心的跨学科课程中的场景创新实践　/ 184

三、典型案例　/ 188

应用案例 7：GAI 驱动的高效智能开合桥设计实践　/ 189

应用案例 8：GAI 赋能的智慧农业跨学科实践探索　/ 191

第六章
GAI 赋能师生主体教学实践：学习分析与环境支持技术　/ 195

第一节　师生互动与课堂评估　/ 196

一、师生互动与课堂评估的理论框架　/ 197

二、师生互动与课堂评估的技术工具　/ 200

三、师生互动与课堂评估的实践案例　/ 202

应用案例 1：数学课堂的"几何对话革命"　/ 202

应用案例 2：语文"传统文化保护"议论文写作　/ 203

第二节　个性化学习路径与诊断　/ 204

一、理论框架：GAI 正在改变教育的三个维度　/ 205

二、技术路径：学习分析与个性化诊断的实现　/ 206

三、多学科视角下的个性化学习案例　/ 207

四、挑战与应对策略　/ 212

第三节　GAI 赋能深度学习环境设计与支持　/ 213
一、GAI 赋能深度学习环境设计与支持的理论基础和设计原则　/ 213
二、GAI 赋能四类高效应用场景　/ 216
三、典型示例构建与分析　/ 217

第一章 GAI 与学科融合基础

生成式人工智能（GAI）的迅猛发展正在深刻改变着教育领域，为学科教学提供全新赋能方案。从内容生成、辅助教学到个性化学习与评估，GAI 不仅展现出强大的技术潜力，还引发了教育理念、教学方法及教师角色的深度转型。本章从理解 GAI 的核心技术出发，系统探讨其与学科教学深度融合的基础框架，旨在帮助教师全面把握 GAI 的技术内涵、学科适配路径及专业发展要求，为日常教学的创新实践提供有力支持。

本章共有三节内容。

第一节，聚焦 GAI 的核心机制与学科应用前景，从底层技术逻辑切入，解析大型语言模型与深度学习的工作原理，并梳理自然语言处理与模式识别等关键能力点，最后展望 GAI 如何通过加速个性化学习、提升教师效率、革新教学方法及促进教育公平，推动教育进入智能化新时代。

第二节，围绕学科特点与 GAI 技术的适配性展开分析，分别探讨文科、理科及艺术学与体育学学科的教学痛点与 GAI 融合可能。从文科学科的内容生成与文本深度解读，到理科教学的逻辑推演与实验模拟，再到艺术学与体育学学科的创新表达与个性化指导，不仅展示了 GAI 在多学科中的典型应用场景，还提出了实践中的实施建议与注意事项，为教师提供科学指导。

第三节，将视角转向教师自身，聚焦在 GAI 赋能背景下教师角色的转变与能力重塑。教师逐渐由传统的知识传授者转型为学习设计者、数据分析师和跨学科协作者，这对其技术应用、课程融合、认知解读等能力提出了全新要求。本节还将探讨教师通过自主学习、同伴协作、专业培训及深度反思等方式实现专业成长的有效路径，从而更好地应对智能时代的教育挑战。

通过对本章的学习，读者将形成对 GAI 赋能学科教学的整体认知框架，理解其技术逻辑、学科适配策略及角色变革要求，为后续的具体教学场景设计与实践奠定理论基础。

第一节　GAI 的核心机制与学科应用前景

随着 GAI 的快速发展，其在教育场景中的嵌入方式日益多元，不再局限于答题与翻译的辅助工具角色，而逐步转变为教学内容生成、学习路径规划、反馈机制重构等方面的重要推动力量。在教学实践中，GAI 展现出对不同学科逻辑结构与学习特征的高度适配能力。以语文学科为例，传统写作教学常陷于"千篇一律"的模板模仿，GAI 则可依据学生个体风格实时生成写作建议，提供多样化的表达路径，激发语言创造力；在历史课堂中，借助 GAI 生成的时空对话、虚拟人物访谈，学生得以沉浸式体验历史情境，突破课本平面叙述的限制，建构深层次的历史理解。

本节将探讨 GAI 的底层逻辑、关键能力、应用前景，通过分析丰富多样的案例，帮助教师更好地理解 GAI 的核心机制与学科应用前景。

一、GAI 的底层逻辑：大型语言模型与深度学习

（一）什么是 GAI

GAI 是一种能够根据输入数据生成新内容的人工智能技术。与传统的辨识式人工智能（如图像识别、语音识别等）不同，GAI 不仅能"看"、能"听"，

还能"创造"(见表 1-1)。它能够通过学习大量的文本、图像或其他数据,模仿其中的规律和模式,生成与之相似且逻辑正确的内容。

表 1-1　传统 AI 与 GAI 在生成内容能力上的对比

功能对比	传统 AI(如图像识别)	GAI(如文本生成)
能否生成新内容	不能,只能识别和分类	能,可以创造新的文本、图像等
应用场景举例	识别照片中的物体、语音识别	自动生成文章、创作图像,以及辅助生成教学内容
在教学中的应用	辅助批改客观题、提供数据分析	自动生成练习题、个性化学习内容、作文批改建议

示例 1:语文教师输入"写一首关于春天的诗",GAI 可创作出押韵的诗歌(见图 1-1)。

图 1-1　用 Kimi 写的诗

示例 2:英语教师输入"画一只猫,图片上方写着英文'cat'",GAI 可生成符合要求的图像(见图 1-2)。

图 1-2 用即梦 AI 生成的图片

GAI 还能够模拟人类的思维，生成内容。这一能力主要依赖于两项核心技术：大型语言模型和深度学习。

（二）大型语言模型：人工智能的"语言知识库"

1. 什么是大型语言模型

大型语言模型（Large Language Model，LLM）是 GAI 的核心部分，它是人工智能的"语言知识库"。

我们也可以把它当作一位博览群书的智者，通过阅读海量的文字资料（例如书刊、古诗、网页等）来学习和理解语言，学会如何运用语言进行描述和解释。

这个"语言知识库"包含词语的解释、句子的结构、文章的写作风格和不同语气的表达等内容。当我们向大型语言模型发出指令时，它就能从这个"知识库"中撷取相关信息，像语言专家一样，运用所学到的语言知识来生成适合的内容。

举个例子，如果教师问大型语言模型："如何向小学生解释什么是'光合作用'？"，大型语言模型就会结合小学生的理解能力，运用其语言知识，结合比喻或生动的例子，生成一段解释，例如："光合作用就像植物宝宝自己做饭一样。它们利用阳光、水和空气，制造出让自己长大的食物。"

2. 大型语言模型是如何工作的

大型语言模型的工作流程可以大致分为"训练"和"推理"两个阶段（见表 1-2）。

表 1-2　大型语言模型的工作流程

工作阶段	详细描述
训练阶段	大型语言模型阅读海量的文本数据，学习词汇、语法、句式、写作风格和常识等知识，构建庞大的"语言知识库"
推理阶段	大型语言模型根据用户提出的问题或要求，从"语言知识库"中撷取相关信息，并且预测接下来应该输出什么词语，最终生成流畅、自然的文本内容。

在训练阶段，大型语言模型通过海量的文本数据进行训练。文本的数据可以是小说、新闻文章、学术论文等多种类型的内容。大模型会分析这些文本中单词、句子之间的关系，不断微调自己的"记忆知识库"来改善理解能力。

比如，大型语言模型会学习到"水果"和"苹果"之间的关系，以及"说"和"喊"之间的区别。在不断学习后，大型语言模型能够逐渐掌握语言的规律和模式。

在推理阶段，大型语言模型会根据已有的学习结果进行推理。比如，当我们输入一个问题或者一句话时，大型语言模型会依据它从"语言知识库"中学到的规律，推理出最有可能的回答或接下来的话语。

示例：如果我们输入"今天天气真好，我想去……"，那么大型语言模型可能会预测推理出"去公园"或"爬山"等相关的活动（见图1-3）。

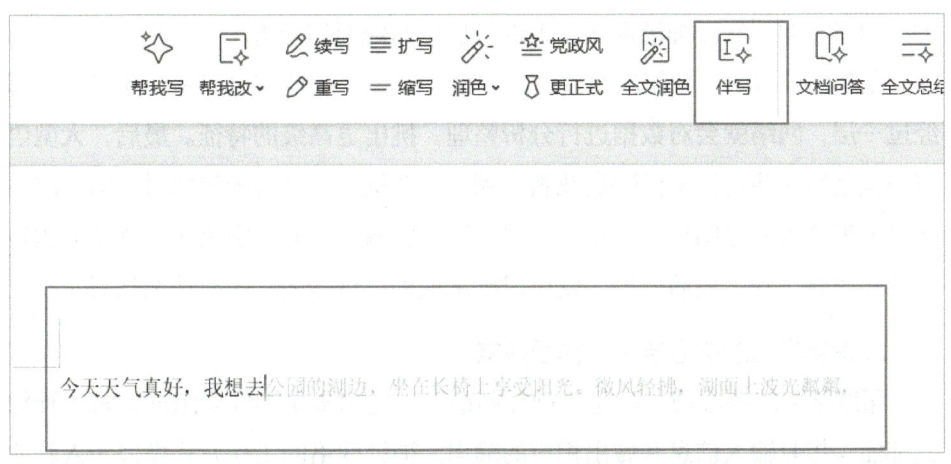

图 1-3　WPS 的"AI 伴写"功能

3. 大型语言模型的应用

在教学中，大型语言模型的应用是非常广泛的。

在作文批改方面，大型语言模型可以帮助教师迅速识别学生写作中的语法、结构等问题，还可以提供改进建议。例如，如果学生的作文中出现了"我昨天去了学校，然后我去商店买书"这样的句子，那么模型可以判断应该将"然后"改为"之后"，让句子更通顺。

在课后作业方面，学生可以向大型语言模型提出问题，从而得到及时的反馈和指导。例如，学生在学习数学科目时，可以问"如何解二元二次方程？"，模型就会生成详细的解题步骤。

大型语言模型还可以根据学生的兴趣和需求，生成个性化的学习内容，帮助学生进行自学。例如，对地理感兴趣的学生，大型语言模型可以生成相关的地理常识以及对应的知识点。

（三）深度学习：AI 模拟"大脑"工作

1. 什么是深度学习

深度学习（Deep Learning）是人工智能中的一种机器学习方法，它的灵感来源于人类大脑的工作模式。人类大脑由数十亿个神经元连接而成，每个神经元会接收信息并将其传递给其他神经元。深度学习模拟了这一过程，通过多层神经网络（即"深度神经网络"）进行信息的处理和分析。

在深度学习中，数据就像过山车一样，一层一层地穿过"神经网络"。每经过一层，网络就会对数据进行分析整理，挑出更高级的特征。最后，大型语言模型就用这些特征来做决定或者预测。举个例子，在看图识物时，第一层网络可能识别出的是图片里的基本形状，第二层网络可能识别出的是物体的边边角角和质感，到了最后一层，就可以确认识别出这张图片中有什么信息了。

2. 深度学习的核心技术：神经网络

深度学习的核心技术就是"神经网络"，它由多个神经元组成，每个神经元都能够接收输入信息并做出相应的输出。神经网络的工作方式类似于人脑的神经元如何通过突触相互连接进行信号传递。

神经网络的训练过程是通过不断调整神经元之间的连接强度（也被叫作"权重"）来优化模型的。这个过程需要大量的数据和计算能力，以便神经网络能够从数据中提取出有效的特征，最终训练出判断准确的模型。

3. 深度学习的应用

深度学习可以应用于自然语言处理、图像识别、语音识别等多个方面，如表 1-3 所示为深度学习常见的应用场景。深度学习技术可以帮助教师进行数据分析与教学决策。例如，GAI 可以分析学生在学习过程中遇到的难点，自动调整学习的内容和难度，提供个性化的教学方案。

表 1-3　深度学习常见的应用场景

应用场景	具体功能描述
智能教学助手	可以帮助教师快速生成教案、PPT，并设计课堂互动环节。比如，教师输入课程主题，GAI 自动提取相关内容
自动批改作业	可以快速扫描学生答卷，自动完成批改，并生成详细的成绩分析报告，帮助教师了解学生的薄弱点
个性化学习	根据学生的学习进度和兴趣，制订个性化的学习计划，提供适合他们的学习资源，帮助学生更有效地学习
实时反馈	通过语音识别和情感分析，帮助教师了解学生的学习状态和情绪，提供即时反馈和调整
文本生成	教师输入教学目标后，GAI 即可生成完整的教案和 PPT；学生输入论文大纲后，GAI 能补充相关内容，帮助完善逻辑
拍照识别	能够识别学生拍照上传的题目，自动生成相应的答案与详细解析，帮助学生快速解决问题
个性化辅导	可以与学生进行一对一对话，提供辅导和评估，帮助学生在学习过程中遇到困难时获得及时支持

二、GAI 的关键能力：自然语言处理与模式识别

本节将深入解读自然语言处理（NLP）和模式识别这两项关键技术，探讨它们在学科教学中的应用，帮助读者理解这些技术的原理及其在课堂教学中的应用方法。

（一）NLP：让机器"听懂"人话

1. NLP 的概念

教师每天都在和学生进行交流，不管是讲课、布置作业还是课后答疑，毋庸置疑，语言都是沟通的桥梁。NLP 就像一位翻译官，其目的就是让计算机能够理解人类使用的自然语言，实现人与计算机之间无障碍地交流。

NLP 技术已被广泛应用于日常生活中，比如手机里的语音智能助手（Siri、小爱同学、小度、蓝心小 V 等）（见图 1-4）、翻译软件（百度翻译、有道翻译等），以及网购时遇到的智能客服，其背后都是 NLP 在默默地工作。这些应用都表明，NLP 技术已经融入了我们的日常生活，并且在教育领域也展现出了巨大的潜力。

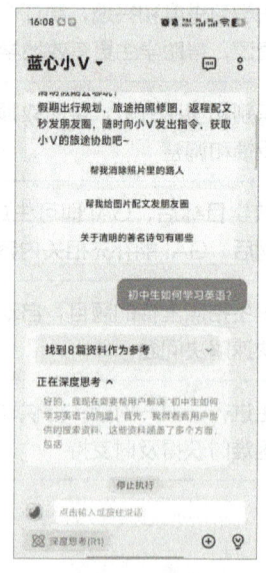

图 1-4　vivo 手机的智能 AI 助手"蓝心小 V"

2. NLP的关键技术

分词、词性标注、句法分析、依存句法分析是NLP的几项关键技术（见图1-5）。

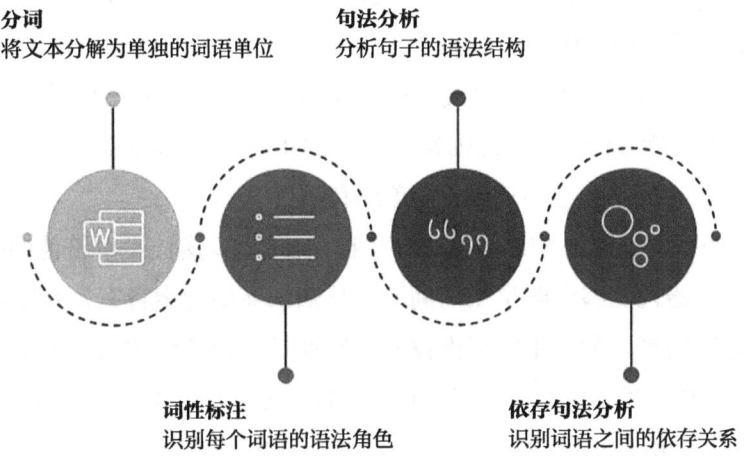

图1-5 NLP的关键技术

分词是计算机语言处理的开始步骤，就好像语文教学中的断句和词性分析。中文分词比英文分词复杂，由于中文词语之间没有空格，计算机需要将句子切分为词语单位。词性标注用于识别词语词性，如动词、名词，以理解其语法作用。句法分析用于解析句子结构，理解语法关系。依存句法分析用于揭示词语间的依存关系，如主语、谓语、宾语等，有助于深入理解句意。

3. NLP技术在学科教学中的应用

NLP技术在学科教学中具有广泛的应用价值。下面列举NLP技术在不同学科教学中的应用场景。

（1）智能批改与作文辅助（语文、英语）

NLP技术在教育领域应用广泛，特别是在语文和英语作文批改方面，可以大大减轻教师工作负担。NLP技术还能为学生提供写作辅助，部分写作软件能根据写作主题提供思路、素材参考，甚至生成文章初稿，帮助学生提升写作效率。

（2）阅读理解与文本分析（语文、历史、政治）

NLP 技术在语文、历史、政治等学科的教学中发挥着重要作用，可帮助学生更高效、深入地理解文本内容。它可用于构建智能阅读理解系统，该系统不仅能够自动分析文章并生成问题，提取关键信息生成摘要，还能从文本中提取实体、关系等信息构建知识图谱。在教学案例中，百度文库利用 NLP 技术实现文档内容的智能搜索、分类、摘要等功能，而知网平台则利用 NLP 技术提供文献的智能分析、知识挖掘等功能，辅助学生进行深入的学术研究。

（3）智能问答与学习辅导（涵盖所有学科）

智能问答系统通过 NLP 技术为学生提供在线学习辅导，解答他们的疑问。智能聊天机器人能够理解学生的问题，从知识库中检索答案，并以自然语言的形式进行回答。个性化学习推荐系统则通过分析学生数据，识别其薄弱环节和兴趣，进行推荐资源和练习。此外，拍照搜题 App 如小猿搜题、作业帮，能够结合图像识别和 NLP 技术，展示 NLP 在教育领域的应用。再如，科大讯飞的星火模型在智能客服、问答、教育辅导等领域也展现了 NLP 的强大潜力。

（二）模式识别：让机器学会"看"和"思考"

1. 模式识别的概念

前面说到，NLP 赋予了计算机"听"和"说"的能力，那么，模式识别（Pattern Recognition）则赋予计算机"看"和"思考"的能力。模式识别就是让计算机能够从各种类型的数据中自动识别出"模式"，即数据中蕴含的规律和结构。

模式识别的应用领域非常广泛（见表 1-4）。

表 1-4　模式识别的应用领域

应用领域	详细描述
人脸识别	广泛应用于门禁系统、手机解锁、支付安全等场景，特别在安防领域有很大应用。人脸识别技术能够快速识别个体，提升安全管理效率
图像识别	广泛应用于号码牌识别、自动驾驶、医学影像分析、工业质检等领域。在教育领域中，图像识别技术可以识别学生的课堂行为和监控视频中的异常情况

续表

应用领域	详细描述
语音识别	广泛应用于语音输入、智能家居控制、语音助手等。语音识别技术能够将语音转化为文本，提升与设备的交互效率
手写识别	广泛应用于快递单号识别、银行支票识别、电子签名等领域。在教育领域中，手写识别技术可用于作业的电子化批改

模式识别技术如同"数据侦探"，很容易从海量数据中发现隐藏的规律，为教育教学决策提供数据支持。

2. 模式识别的关键技术

模式识别的实现同样依赖于多种关键技术。下面介绍几项与教育教学联系较为密切的技术。

（1）图像识别：赋予计算机视觉

图像识别技术旨在让计算机能够"看懂"图像，并识别出图像中的物体、数量、场景和文字等信息（见图1-6）。

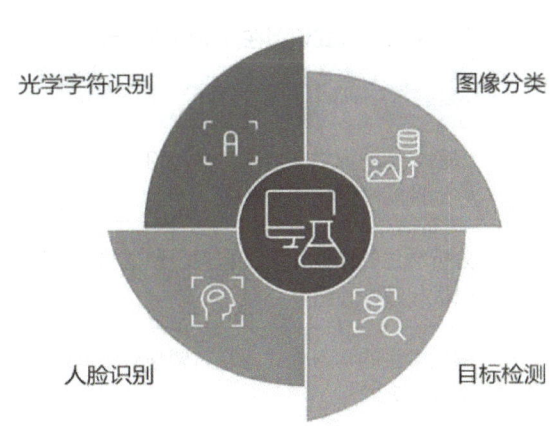

图 1-6　图像识别技术

（2）语音识别：赋予计算机听觉

语音识别又被称为自动语音识别（Automatic Speech Recognition，ASR），是一种将人类的语音信息转换为文本信息的技术（见图1-7）。

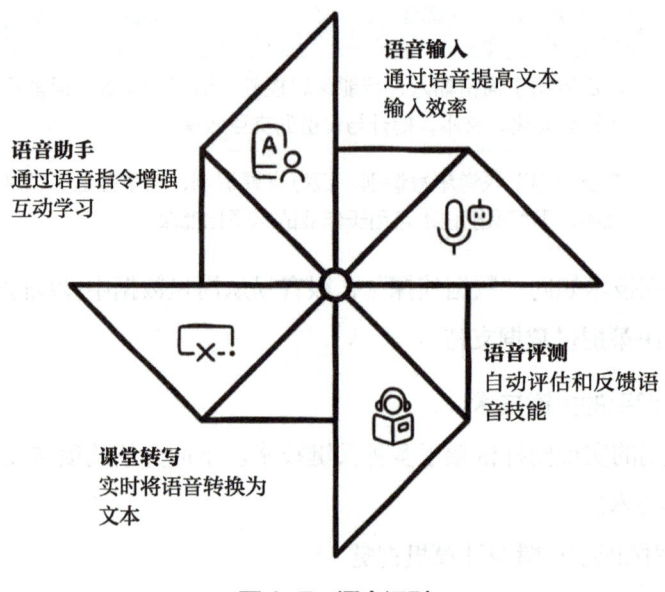

图1-7 语音识别

3. 模式识别在学科教学中的应用

在教育领域，模式识别同样具有重要的应用价值（见表1-5）。

表1-5 模式识别在教学中的应用

教学应用	详细描述
精准分析学生行为	识别学生的课堂参与度、学习习惯、情绪状态等，帮助教师更好地理解学生的学习状态
有效进行教学评价	分析学生的作业和考试数据，评估教学效果，提供数据支持，以优化教学策略
个性化教学干预	根据学生的学习模式，及时调整教学策略，以满足不同学生的个性化需求

三、GAI 的应用前景

在前面的介绍中，我们初步了解了 GAI 的底层逻辑和关键能力。对教师来说，GAI 究竟能够带来哪些变革，又有哪些令人期待的应用前景呢？

毋庸置疑，它不仅仅是一项技术的革新，也是一次教育理念和模式的变革。它将深深地影响未来的教育生态，为教师和学生带来前所未有的机遇和挑战。

（一）个性化学习的加速器：满足每一位学生的个性化需求

中国的教育一直致力于实现教育公平和高质量发展。在以前，传统的"一刀切"教学模式往往难以考虑到每一位学生的学习特点。不同学生的学习基础、兴趣爱好都存在着很大差异，如何才能更好地满足这些差异化的需求，是每一位教师面临的问题。

GAI 的出现为解决这一问题带来了解决方法。它能够根据学生的学习情况和特点，为每位学生量身定制，生成个性化的学习内容和辅导方案，真正实现"因材施教"。

📜 应用案例 1：GAI 动态分层精准教学实践

案例背景：广州某小学五年级英语教师针对学生的英语学习能力进行分层——30% 的人掌握初中词汇，25% 的人的基础句型错误率达 65%。引入了某 GAI 英语智学系统，通过动态诊断、分层资源和实时反馈实施精准教学。

技术应用与实施过程如下。

1. 学情诊断分组

系统分析 Unit1~Unit3 的知识点：核心词汇掌握率、语法错误聚类、听说能力分层，生成可视化报告并分组。整合课堂录音、作业及测试数据，构建动态知识图谱，输出三组学习方案。

2. 分层资源生成

进阶组使用《小王子》语法填空（含 15 处陷阱及文学解析）；基础组通过《动物园冒险》动画进行角色配音，系统实时标记时态错误并推送微课。

3. 实时反馈机制

针对学生认知错误（如"I has visited"），系统分析其认知缺失，推送定制微课及文化背景专项训练，达标后解锁创意任务。

应用成效：经过 6 周实践后，班级英语标准差由 21.3 降至 8.5，即基础组第三人称单数正确率从 38% 升至 79%；进阶组词汇量达 6000 个；日均 AI 互动 23 次/人，语音练习增长 45%。

（二）教师效率的倍增器：让教师从烦琐事务中解放出来

备课、听课、批改作业、答疑辅导、学情分析……中小学教师的工作繁重而琐碎，长期以来，教师们都面临着巨大的工作压力。GAI 的出现，为减轻教师负担、提升教学效率提供了强有力的工具。

GAI 还可以自动化完成大量重复性、机械性的工作，让教师能够腾出更多的时间和精力，专注于更具创造性和价值的工作。

应用案例 2：GAI 驱动的全流程教学管理优化

数学教师在准备下周课程时，可使用 GAI 工具快速生成课件和教案；智能生成练习题和测试卷；辅助批改作业和试卷；自动批改客观题，智能分析学情并生成报告。

如表 1-6 所示为某小学实行 GAI 辅助教学前后工作时间的对比数据。

表 1-6 传统教学模式与 GAI 辅助教学模式下教师工作时间对比

工作内容	传统教学模式	GAI 辅助教学模式	时间节省比例
备课时间	5 小时/周	1 小时/周	80%
批改作业时间	8 小时/周	3 小时/周	62.5%
学情分析时间	2 小时/周	0.5 小时/周	75%
答疑辅导时间	4 小时/周	3 小时/周	25%
总计	19 小时/周	7.5 小时/周	60.5%

（三）教学方法的新引擎：激发学生的学习兴趣和创新潜能

GAI 不仅仅是效率提升工具，更是创新教学方法、激发学生学习兴趣和创新潜能的强大引擎。

应用案例 3：GAI 赋能的跨学科项目式学习实践

一位历史教师正在准备"古代丝绸之路"的课程，他可以借助 GAI 工具做以下事情。

创设沉浸式的历史场景：教师可以利用 GAI 生成逼真的古代丝绸之路上的某个场景，让学生仿佛身临其境，感受古代贸易的繁荣和文化交流的情况。

生成互动式角色扮演游戏：教师可以设计角色扮演的互动游戏，让学生扮演古代商人、官员、使节、学者等角色，在虚拟的丝绸之路场景中进行贸易、文化交流，体验古人在丝绸之路上的艰辛和乐趣（见图 1-8）。

图 1-8　学生通过 VR（虚拟现实）眼镜在 GAI 场景中与历史人物互动

设计个性化探究式学习活动：教师可以引导学生利用 GAI 工具，查阅古代与丝绸之路相关的历史文献、文物资料，进行小组合作探究。比如，探究丝绸之路对东西方文化沟通交流的影响，或者探究丝绸之路上城市的经济发展模式，培养学生的探究能力和创新思维。

（四）教育公平的新助力：打破教育资源壁垒，惠及更多学生

教育公平一直是社会上广泛关注的话题。城乡教育差距、区域教育差异、优质教育资源分布不均等问题，长期以来制约着教育公平的实现。GAI 的应用有望打破教育资源壁垒，让优质教育资源惠及更多学生，为促进教育公平注入新的活力。

偏远山区的乡村教师可利用 GAI 平台获取优质教学资源，获得智能教学助手，并开展远程互动教学。

（五）未来展望与挑战：在发展中完善，在创新中前行

GAI 在教育领域的应用前景广阔，但也面临着一些不可忽视的挑战。例如，数据安全、教师和学生的隐私保护、伦理道德风险、教师的角色定位等，都是我们需要认真思考和积极应对的问题。

1. 未来展望

智能化的 GAI 导师和学伴：未来的 GAI 将更加智能化，能够像一位经验丰富的导师一样，为学生提供更深入、更个性化的学习指导和情感支持。

开放的教育内容和形式：GAI 将推动教育内容和形式的创新，例如，生成式课程、虚拟现实课堂、个性化学习游戏等，将为学生带来更丰富、更灵活的学习体验。

更普惠的教育服务：GAI 将进一步降低优质教育资源的获取门槛，让更多的人能够享受到优质的教育服务，促进教育公平。

2. 面临的挑战

数据安全与隐私保护：确保学生学习数据的安全与隐私保护，是 GAI 教育应用的首要任务。

算法偏见与伦理道德风险：避免 GAI 算法偏见，防止不良用途，是 GAI 教育应用需关注的伦理问题。

教师角色与技能提升：GAI 普及要求教师重新定位角色，提升技能，以适应新技术，有效利用 GAI 优势。

（六）小结

GAI 在教育领域的应用前景广阔而深远，它为个性化学习提供了强大动力，能够精准满足学生的差异化需求；它为教师减负增效，使其能够将更多的精力投入教学创新和专业成长中；它创新了教学方法，为学生带来了更有趣、更丰

富的学习体验；它还为促进教育公平提供了新的途径，让优质教育资源能够覆盖到更多地区和学生。但是，在发展过程中，我们也需关注数据安全、算法偏见等问题，并积极寻求解决方案。只有这样，我们才能充分发挥GAI的优势，推动教育不断向前发展，构建一个更加智能、高效、公平的教育新生态。

第二节 学科特点与 GAI 的匹配分析

不同学科因其知识结构、思维方式与学习目标的差异，对教学支持工具提出了各具侧重的需求。在传统教学中，这一差异往往被统一的教学策略所掩盖，导致教学效率与学习体验的双重损耗。而GAI的到来，为打通"学科特性—教学需求—技术供给"三者之间的桥梁提供了前所未有的可能。

本节聚焦文科、理科，以及艺术学与体育学三大类学科，分析各类课程在教学中面临的典型痛点与GAI技术的适配潜力，构建具有针对性的赋能框架，结合真实的教学场景与案例，探索GAI在内容生成、逻辑推演、感官体验等方面的融合模式，并提出实施建议与风险防控要点，帮助教师实现技术与学科的高效匹配和深度融合。

一、文科学科的 GAI 赋能路径

在新课标下，文科学科（如语文、历史等）注重文本理解、文化传承、情感浸润和批判性思维。教学需要扎实的语言功底引导学生理解课文的人文精神。GAI利用自然语言处理、文本生成、情感分析等技术，为文科学科教学提供了新路径。下面主要探讨GAI与文科学科的深度融合，从学科的教学痛点与GAI适配性、GAI赋能框架、典型应用场景与案例分析三个维度进行分析。

（一）文科学科的教学痛点与 GAI 适配性

1. 学科特点与教学挑战

文科学科的分类及特征如表 1-7 所示。

表 1-7 文科学科的分类及特征

分类	特征	详细描述
核心特征	文本复杂性	文言文、古诗等文本存在语言隔阂，学生理解力不足
	文化情境性	历史事件和文学作品应结合其时代背景进行解读
	主观表达性	写作、辩论等任务依赖个性化创意与情感表达
	思维高阶性	需培养批判性思维、跨文化比较等能力
教学困境	资源获取低效	备课需手动筛选海量参考资料，工作量巨大、效率低
	分层指导困难	学生语言能力差异比较大，难以兼顾个性化需求
	评价反馈滞后	作文批改、观点分析等主观任务反馈周期长

2. GAI 的技术适配性

GAI 的技术特性与语言人文类学科需求高度契合（见表 1-8）。

表 1-8 语言人文类学科需求与技术支撑工具

学科需求	GAI 技术支撑	典型工具示例
文言文翻译与情境还原	跨时代语言对齐模型	豆包、DeepL
写作创意激发	多风格文本生成	ChatGPT、WPS 智能写作
历史事件多视角分析	知识图谱与因果推理	文心一言、通义千问（Qwen）
情感态度和价值观引导	情感倾向识别与伦理审查	腾讯 AILab 的情感分析 API

例如，在语文课《岳阳楼记》中，教师可以输入"忧乐精神现代意义"，GAI 会自动生成古今价值观的对比表格（见表 1-9），帮助学生了解文化传承脉络。

表 1-9 《岳阳楼记》核心思想跨时代解读

原文关键词	传统解读	当代映射
先天下之忧而忧	士大夫责任担当	公民的社会责任感

续表

原文关键词	传统解读	当代映射
后天下之乐而乐	儒家利他精神	可持续发展理念
不以物喜，不以己悲	个人修养境界	心理健康与情绪管理

（二）文科学科的 GAI 赋能框架

基于学科特点与技术适配性，文科学科的 GAI 赋能路径可构建为"三层四维"模型（见图 1-9）。

模型中的"三层"可理解为从资源支撑到能力培养，再到实践应用的逐步进阶赋能层次。

基础层：GAI 作为资源引擎，提供文本、图像、音视频等多模态素材。

中间层：GAI 作为认知脚手架，支持分层学习与思维训练。

应用层：GAI 作为创作协作者，助力个性化表达与创新实践。

模型中的"四维"可理解为贯穿三层的核心赋能维度。

数据维度：多模态资源的采集、清洗与结构化（基础层）。

认知维度：学习者的知识建构与思维发展（中间层）。

交互维度：人机协同的创作与表达方式（应用层）。

伦理维度：GAI 应用的隐私保护、版权归属与人文关怀（贯穿全流程）。

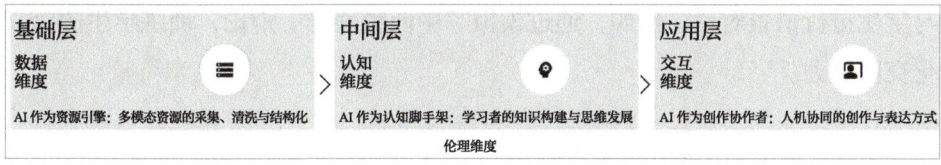

图 1-9 GAI 赋能文科学科的"三层四维"模型

1. 资源供给（基础层）：破解备课与学习素材瓶颈

智能文献检索：输入教学关键提示词后，GAI 会推荐教案、课件和阅读材料。例如，在准备"丝绸之路"课程时，GAI 整合历史地图、商贸数据、文化故事等数字资源。

多模态素材生成：利用文本转图像、语音合成等技术，将概念可视化。例如，输入"安史之乱民生疾苦"后，GAI会生成动态地图和诗歌朗诵音频。

2. 认知建构（中间层）：搭建思维训练阶梯

文言文深度学习：GAI将古文翻译为现代文的同时，会标注重点字词的文化意象。例如，《出师表》中的"鞠躬尽瘁"，GAI会自动关联当代"工匠精神"案例。

批判性思维培养：针对历史争议话题（如商鞅变法），GAI会生成正反方论据矩阵（见表1-10），引导学生从多角度分析问题。

表1-10 商鞅变法正反方论据矩阵

维度	支持观点	反对观点
社会公平	军功爵制打破贵族垄断	连坐法加剧底层压迫
经济效益	统一度量衡促进商业发展	重农抑商阻碍工商业发展
文化影响	法治思想奠定制度基础	焚毁诗书导致文化断层

3. 创新实践（应用层）：激活人文创造力

个性化写作辅导：GAI根据学生的写作水平提供分级建议。例如，对于记叙文初学者，它会提示"增加环境描写"；而对于高阶学生，则建议"尝试非线性叙事结构"。

跨文化对话模拟：在英语教学中，GAI可以扮演不同文化背景的虚拟角色，与学生进行情景对话。例如，通过模拟"中西餐差异"辩论，训练学生的跨文化交际能力。

（三）典型应用场景与案例分析

场景1：GAI辅助古诗鉴赏教学

教学痛点：学生难以与古人共情，体会不到诗歌的意象美和情感表达。

GAI赋能路径如下。

意象可视化：输入《春望》的诗句"感时花溅泪"后，GAI会生成战乱前后长安城对比图，直观地展现"花"与"泪"的隐喻关系（见图1-10）。

情感迁移训练：GAI将杜甫的忧国情怀迁移至现代语境中，生成"若杜甫生活在当代，他会关注哪些社会问题"的讨论题。

图 1-10　GAI 生成的战乱前后长安城对比图

场景 2：道德与法治课中的价值引导

教学痛点：抽象价值观难以落地。

GAI 赋能路径如下。

伦理困境模拟：GAI 生成"无人驾驶电车难题"等场景，学生通过选择反馈机制理解责任伦理。

社会热点分析：输入"网络暴力事件"后，GAI 会自动提取法律条文、心理学原理和典型案例，并构建多维讨论框架（见表 1-11）。

表 1-11　"网络暴力事件"分析矩阵

分析维度	关键问题	学科关联
法律层面	如何界定言论自由与侵权的边界	法治意识
心理机制	群体匿名性如何影响道德判断	社会心理学
技术治理	平台算法是否助长了极端情绪传播	信息科技伦理

（四）实施建议与注意事项

1. 教师角色转型

从讲授者到策展人：精选 GAI 生成内容，如从 20 个作文范例中选取 3 个典型样本。

从评判者到引导者：聚焦 GAI 无法替代的价值引导，如文学审美体验、历史唯物史观培养。

2. 关键技术选择

文本生成工具：优先选用提供"可解释性"功能的 GAI 平台（如显示写作建议的推理过程）。

伦理审查机制：优先选择国产在线大模型，若在本地部署大模型，就需要添加敏感词过滤系统，避免生成包含偏见或错误历史观的内容。

3. 教学评价创新

双轨制评估：传统指标（语言准确性、内容完整性）与 GAI 增强指标（创意指数、跨学科关联度）各占 50%。

过程性追踪 利用 GAI 工具分析课堂讨论录音，生成学生思维活跃度热力图。

二、理科学科的 GAI 融合路径

理科学科（如数学、物理、化学、生物等）以逻辑推理、抽象建模和实验验证为核心特征。这类学科的教学既需要精准的知识传递，又需要培养学生的问题解决能力和科学思维。GAI 通过符号推理、数据建模、虚拟实验等技术，为理科学科提供了全新的融合路径。下面将从理科学科的教学痛点与 GAI 的技术适配性、GAI 融合框架、典型应用场景与案例分析三个维度，探讨 GAI 如何与科学教育深度融合。

（一）理科学科的教学痛点与 GAI 的技术适配性

1. 理科学科的特点

理科学科具有抽象性、逻辑性、实践性等特点。教学困境涉及抽象概念理解难、实验资源受限、个性化指导不足等问题（见表 1-12）。

表 1-12 理科学科的分类和特征

分类	特征	典型表现
核心特征	抽象性	加速度公式 $a=\Delta v/\Delta t$ 的矢量性难以具象化
	逻辑性	几何证明需严格遵循定理推导步骤
	实践性	化学实验操作影响原理理解
教学困境	抽象概念理解难	40% 的学生认为物理公式像"天书"
	实验资源受限	乡镇学校实验开展率不足
	个性化指导不足	一个班 50 名学生,教师日均个别辅导时间严重不足

2.GAI 的技术适配性

GAI 的技术特性与理科学科教育需求高度契合(见表 1-13)。

表 1-13 理科学科需求与 GAI 技术支撑工具表

学科需求	GAI 技术支撑	典型工具示例
抽象概念可视化	多模态生成技术	即梦 AI、可灵 AI、通义千问(编程生成 Web 可视化图片)
逻辑推理过程拆解	思维链技术	DeepSeek R1
虚拟实验模拟	物理引擎与 3D 建模	Labster
个性化学习路径规划	知识图谱与强化学习	科大讯飞 AI 学习机、松鼠 AI

(二)理科学科的 GAI 融合框架

基于学科特点,构建"三维赋能模型"。

知识具象层:GAI 将公式符号转化为可视化模型。

思维训练层:GAI 拆解复杂问题的推理链条。

实践创新层:GAI 构建虚拟实验室与探究场景。

1. 知识具象化:破解抽象概念理解瓶颈

在具备编程能力的 GAI 中,比如在 DeepSeek 中输入"请帮我用 HTML 生成一个正弦公式 $y=A\times\sin(\omega x+\varphi)$ 可视化模型",GAI 就可以生成正弦的可视化模型代码，将代码复制到 TXT 文档，再将后缀改为 html，便可用浏览器打开。学生也可以拖曳滑块参数，查看坐标轴波形变化，加深对正弦公式的理解（见图 1-11）。

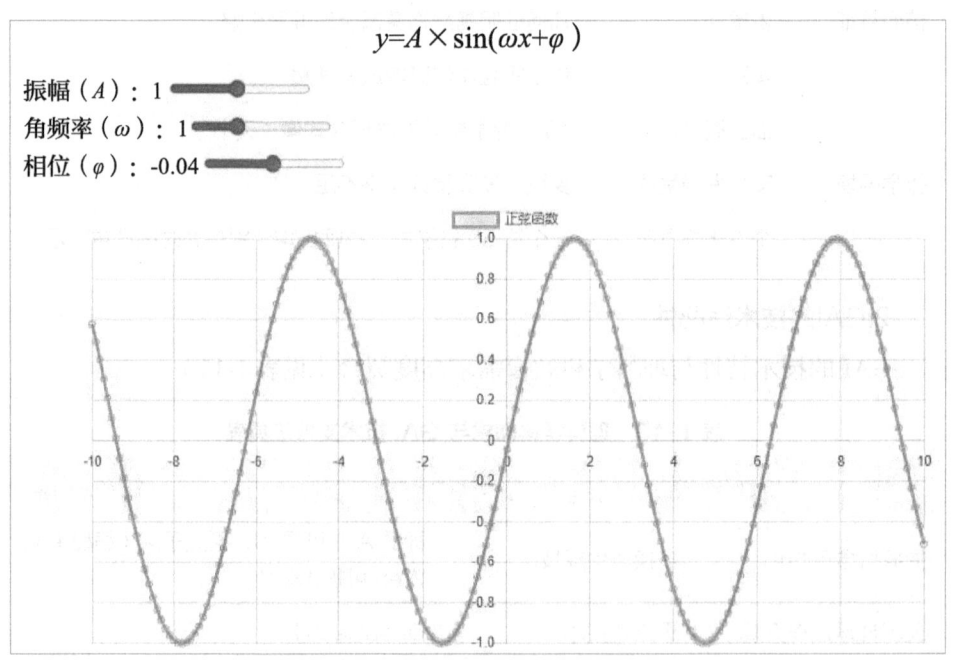

图 1-11　GAI 生成可视化的数学公式

2. 逻辑思维训练：构建科学推理脚手架

解题步骤拆解：学生拍摄一道力学综合题（一个倾斜角为 37°的斜面顶端固定着劲度系数 $k=200$N/m 的弹簧，弹簧的另一端连接着质量 $m=5$kg 的物块。已知物块与斜面间的动摩擦因数 $\mu=0.3$，初始时弹簧被拉伸 $\Delta x=0.2$m，物块静止于斜面上。求：物块静止时弹簧的弹力大小；若剪断弹簧，物块沿斜面滑动的加速度）后，GAI 不仅会给出答案，还会生成分步推理流程。

步骤 1：受力分析（画出重力、支持力、摩擦力）。

步骤 2：建立正交分解坐标系。

步骤 3：写牛顿第二定律方程。

3. 虚拟实验创新：拓展科学探究边界

高危实验模拟：在化学课中，用 GAI 工具搭建虚拟实验室，学生可自由混合浓硫酸与水，观察飞溅现象，系统会自动记录操作规范性评分。

跨时空探究：在 DeepSeek 中输入"生成伽利略斜面实验模型，输出格式为 html"，GAI 就会生成 17 世纪比萨斜塔背景的虚拟场景，学生通过拖曳小球验证"加速度与质量无关"的结论。

（三）典型应用场景与案例分析

场景 1：GAI 辅助数学定理探究

教学痛点：学生难以理解几何证明的逻辑链条。

GAI 赋能路径如下。

动态几何生成：在 DeepSeek 中输入"生成勾股定理可视化模型，输出格式为 html"，GAI 就会自动生成可交互的直角三角形模型，学生可拖动顶点观察边长的平方关系。

多证法对比：GAI 提供面积法、相似三角形法、代数法等三种证明方案，并标注思维关键点。

错因回溯：当学生误用余弦定理推导时，GAI 会定位错误步骤并生成针对性的微课视频。

场景 2：物理力学问题智能辅导。

教学痛点：教师难以及时给每位学生反馈解题思路。

学生用手机拍摄了一道滑轮组受力分析的问题。GAI 工具可以识别题目并生成解题过程。

步骤 1：确定动滑轮与定滑轮。

步骤 2：分析各段绳子的张力关系。

学生完成分步作答后，GAI 工具会通过红框和绿框标注正确与错误的步骤，并系统生成班级错误热力图，以便教师能够针对性地讲解高频错误点。

（四）小结

GAI 正在重塑科学教育的形态：它让抽象的傅里叶变换公式化作声波可视化模型，将危险的化学爆炸反应转化为可反复试错的虚拟实验，使千人一面的习题课升级为精准诊断的思维训练场。然而，技术的核心价值始终在于延伸而非替代人类的科学探索——当 GAI 承担起知识具象化与过程拆解的基础工作后，教师得以更专注地引导学生感悟科学之美：在牛顿定律中体会简洁的普适性，在元素周期表里发现微观世界的秩序，在几何证明中磨炼逻辑的严谨性。这种"机器处理确定性，人类启迪创造性"的融合模式，正是智能时代科学教育的破局之道。

三、艺术学与体育学学科的 GAI 创新应用

艺术学与体育学学科（如美术、音乐、体育、劳动技术等）强调动手能力、艺术表达和创造性思维培养。这类学科的教学既需要激发学生的想象力，又需提供具体操作指导，在传统教学中常面临资源限制、个性化指导不足等难题。GAI 通过图像生成、音视频合成、三维建模等技术，为艺术学与体育学学科开辟了虚实融合的创新路径。下面将从艺术学与体育学学科的教学痛点与 GAI 的技术适配性、GAI 赋能框架、典型应用场景与案例分析三个维度，探讨 GAI 如何重构实践教学与创意教学。

（一）艺术学与体育学学科的教学痛点与 GAI 的技术适配性

1. 学科特点与教学挑战

艺术学与体育学学科具备以下三大核心特征。

高操作性：需要大量实物材料与操作空间（如陶艺教室、音乐器材）。

强主观性：作品评价依赖教师经验，难以标准化。

长周期迭代：创作过程需多次试错与指导反馈。

在传统教学中，教师常常陷入以下困境。

资源受限：美术课只能临摹教材插图，音乐课局限于简单乐器。

指导低效：在 40 人的课堂中难以为每个学生提供针对性的指导。

创新不足：学生作品易陷入模板化，缺乏个性化表达。

2. GAI的技术适配性

GAI 的多模态能力与创意类学科需求高度契合（见表 1-14）。

表 1-14 艺术学与体育学学科需求与 GAI 技术支撑工具表

学科需求	GAI 技术支撑	典型工具示例
艺术灵感激发	图像/音乐生成模型	Midjourney、Suno AI
三维结构设计	参数化建模工具	Tripo 3D
动作规范指导	姿态识别与运动分析	腾讯智体、KeepAI 教练
虚实场景融合	AR/VR 生成技术	即梦 AI、Unity Muse、nibiru

例如，在陶艺课上，教师输入"宋代青瓷现代简约"关键提示词后，GAI 会自动生成釉色方案（见图 1-12），学生可先在虚拟环境中模拟拉坯过程，再进入实体操作。

釉色方案

1. **宋代青瓷釉色**：宋代青瓷以其温润如玉的釉色而闻名，典型的釉色包括天青、粉青、梅子青等。这些釉色给人以宁静、雅致的感觉，非常适合现代简约风格的设计。
   - **天青釉**：一种淡蓝色调的釉色，给人以天空的广阔和宁静感。
   - **粉青釉**：介于天青和梅子青之间的一种釉色，带有一点粉色，更加柔和。
   - **梅子青釉**：一种深绿色调的釉色，类似于成熟的梅子，给人以深沉和稳重的感觉。
2. **现代简约风格**：现代简约风格强调简洁的线条和色彩的纯净。因此，釉色选择上可以偏向于单一色调，避免过于复杂的图案和装饰。
   - **透明釉**：可以作为一种底釉，增加器物的透明度和光泽，使器物看起来更加现代和简约。
   - **哑光釉**：与透明釉相对，哑光釉可以减少器物的光泽，增加一种低调的质感，适合现代简约的设计。

图 1-12 GAI 生成的青瓷釉色方案

（二）艺术学与体育学学科的 GAI 赋能框架

基于学科特征与技术适配性，可构建以下"虚实融合"的三层赋能模型。

基础层：GAI 作为创意引擎，提供多模态素材与虚拟实训环境。

中间层：GAI 作为过程助手，实时指导操作与优化设计方案。

应用层：GAI 作为展示平台，构建数字作品集与创新生态。

1. 创意孵化：打破资源边界

智能素材生成：输入主题关键提示词后，GAI 就会生成绘画草图、乐谱片段、舞蹈动作序列等。例如，输入"未来城市环保"后，GAI 就会生成科幻风格的建筑群概念图供学生改造。

虚拟实训环境：通过 AR 技术将画板变成数字创作空间，支持撤销重做、材质模拟等功能。某小学实验显示，使用 GAI 画板的学生色彩搭配能力提升 42%。

2. 过程指导：精准降低门槛

实时纠错反馈：通过 GAI 摄像头识别素描透视错误，并用红线标注消失点偏差。

个性化方案推荐：根据学生的设计进度，GAI 会推送适配的改进方案。如在木工课上，GAI 能检测到榫卯结构松动，并推荐三种加固方案。

智能体及时评分：学生上交作品后，智能体会及时打分并给出修改意见。

3. 成果创新：拓展表达维度

多模态作品集成：通过 Tripo 3D 将实体作品扫描为 3D 模型，并结合 GAI 生成背景故事与互动特效。

智能策展系统：利用 nibiru 生成虚拟美术馆，并按主题分类展示学生作品。在某校艺术节中，GAI 策展使参观者互动时长增加 65%。

（三）典型应用场景与案例分析

场景1：GAI辅助美术创作

教学痛点：学生临摹多、创作少，缺乏构图能力。

GAI 赋能路径如下。

灵感激发：在可灵 AI 工具中输入"山海经赛博朋克"后，GAI 会生成 10

张奇幻生物概念图供学生二次创作。

构图指导：GAI 能将学生草图转化为九宫格分析图，并标注出视觉重心与留白比例（见表 1-15）。

表 1-15 评估维度优化建议表

评估维度	原始构图	GAI 优化建议
视觉重心	偏右导致左半部空洞	在左侧添加发光藤蔓以平衡画面
透视关系	远近树木比例失调	调整近景树木尺寸，增加空气透视效果
色彩对比	冷暖色占比 7∶3	将冷色占比提升至 40%，以增强科技感

场景2：GAI赋能音乐创编

教学痛点：学生的乐理基础薄弱，创作旋律困难。

GAI 赋能路径如下。

智能作曲：学生哼唱旋律片段，Suno AI 就会自动生成和弦伴奏与不同风格的改编版（流行、爵士、古风）。

跨学科融合：结合语文课诗歌，GAI 能将《静夜思》转换为五声音阶旋律，并且学生可用陶笛演奏。

场景3：GAI革新体育教学

教学痛点：动作规范性难把控，错误姿势易导致受伤。

GAI 赋能路径如下。

姿态捕捉：GAI 通过摄像头识别广播体操动作，并生成关节角度偏差热力图。

虚拟陪练：AR 眼镜能够投射游泳姿势指导线，实时纠正换气节奏。

（四）实施建议与风险规避

1. 工具选择原则

适老化设计：选择界面简洁的国产工具（如即梦 AI、可灵 AI），能降低师生的学习成本。

离线功能优先：确保无网络环境下仍能使用核心功能（如本地部署的 AI

绘画软件，但必须添加敏感词过滤系统进行保护）。

2. **教学实施要点**

虚实比例控制：建议在美术课上先完成 70% 的实体创作，再用 AI 做效果增强。

作品确权教育：通过区块链存证平台（如腾讯至信链），教会学生保护数字作品版权。

3. **风险防范措施**

内容过滤机制：在 GAI 工具中设置屏蔽词（如血腥、暴力），防止生成不当的内容。

防沉迷设置：限制 AR/VR 设备单次使用时长，避免学生产生视觉疲劳。

（五）小结

GAI 正在重构实践与创意教育的边界。当陶艺课从捏泥巴扩展到虚拟建模，当音乐创作从五线谱进化到声纹交互，教师的核心价值愈发凸显——不再是技术的操作工，而是创意的点燃者。在 GAI 生成的无数可能性中，教师应引导学生抓住那些"意料之外"的灵感闪光点，让技术的理性与艺术的感性碰撞出真正的创新火花。这种"GAI 铺路，人文架桥"的融合模式，正是破解实践教育困境的破局之匙。

第三节
教师在学科实践中的新角色与新技能要求

随着GAI深入嵌入课堂教学的各个环节,教师的角色正在从"知识传授者"向"学习引导者""智能协同者"转型。在传统课堂中,教师往往承担着大量信息筛选与知识讲解的任务,教学节奏高度依赖教师个体的经验与判断。然而,在GAI辅助下,教学资源的生成更加高效,内容呈现更趋多样,教师由此获得了从"教什么"向"如何教""为何教"转变的空间。

本节聚焦教师在GAI赋能下的新角色转变与能力重塑,系统梳理其在工具应用、课程融合、数据解读与伦理素养等方面所需的新技能,并提出专业发展的多元路径,帮助教师在变革中主动成长,实现从技术适应到智能引领的跃升。

一、教师角色的转变

随着GAI逐步在中小学课堂的深入应用,教学模式从传统的"讲台中心"转向"学生中心",教师的角色也发生了改变。下面将从六个维度分析这一变化,并提供案例讲解。

(一)从"知识传授者"到"学习设计者"

核心变化:在过去,教师主要讲解教材;现在,GAI能快速提供标准化知识,教师应转向设计个性化的学习路径,引导学生构建个性化的深度学习框架。

具体表现如下。

任务设计:利用GAI工具分析学生学情,设计分层任务。

示例:某初中英语教师使用GAI作文批改系统(如"批改网")自动分析全班英语作文中的共性语法错误,并针对不同水平的学生设计"基础纠错组""创意提升组"等差异化任务(见图1-13)。

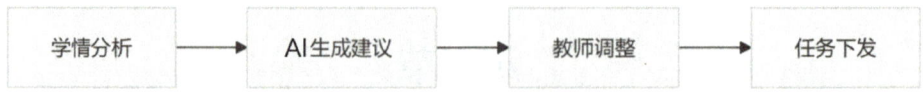

图 1-13　GAI 辅助分层任务设计流程

资源筛选：从海量 GAI 生成的内容中筛选优质资源。

示例：小学数学教师通过"国家中小学智慧教育平台"的 AI 题库，一键生成符合本地化考情的习题包，从而节省备课时间 50% 以上。

（二）从"单一评价者"到"过程分析师"

核心变化：传统教学依赖考试分数来评价学生，而 GAI 可实时追踪学生的学习过程，帮助教师从"结果评价"转向"过程诊断"。

教育评价方式对比如表 1-16 所示。

表 1-16　教育评价方式对比表

传统教育评价方式	GAI 赋能的教育评价方式
期中/期末笔试	课堂实时情绪识别（如兆邦智能的"动态情绪安全卫士"）
纸质作业批改	AI 语法纠错＋知识点关联图谱（如"猿题库"）
主观经验判断	学习行为数据分析报告（如"钉钉智能教育版"）

示例：某中学引入 GAI 课堂观测系统，通过摄像头捕捉学生表情、姿态等数据，生成"课堂专注度分析表"（见表 1-17）。教师可依托动态学情数据实时优化课堂互动频次，针对后排学生实施分层关注策略，从而有效提升后排学生的课堂专注度。

表 1-17　课堂专注度分析表

时间段	前排平均专注度	后排平均专注度	建议措施
0～10 分钟	92%	85%	增加提问范围
20～30 分钟	78%	62%	插入小组讨论环节

(三)从"课堂主导者"到"协作引导者"

核心变化:GAI 工具承担了部分重复性教学工作(如单词听写、公式推导),教师得以空出时间组织高阶思维活动。

典型场景:

理科课堂:GAI 完成数据运算后,教师带领学生思考"如何检验 GAI 结果的正确性"。

示例:在某高中生物课上,学生先使用 PhET 互动仿真软件进行遗传实验模拟,随后分小组讨论"GAI 预测与实际差异的产生原因"。

文科课堂:GAI 生成辩论素材,教师主持"观点攻防战"。

示例:在某小学道德与法治课中,教师引导学生使用通义千问工具生成"该不该给游戏充值"的正反方辩论论据,并组织学生开展角色扮演(见图 1-14)。

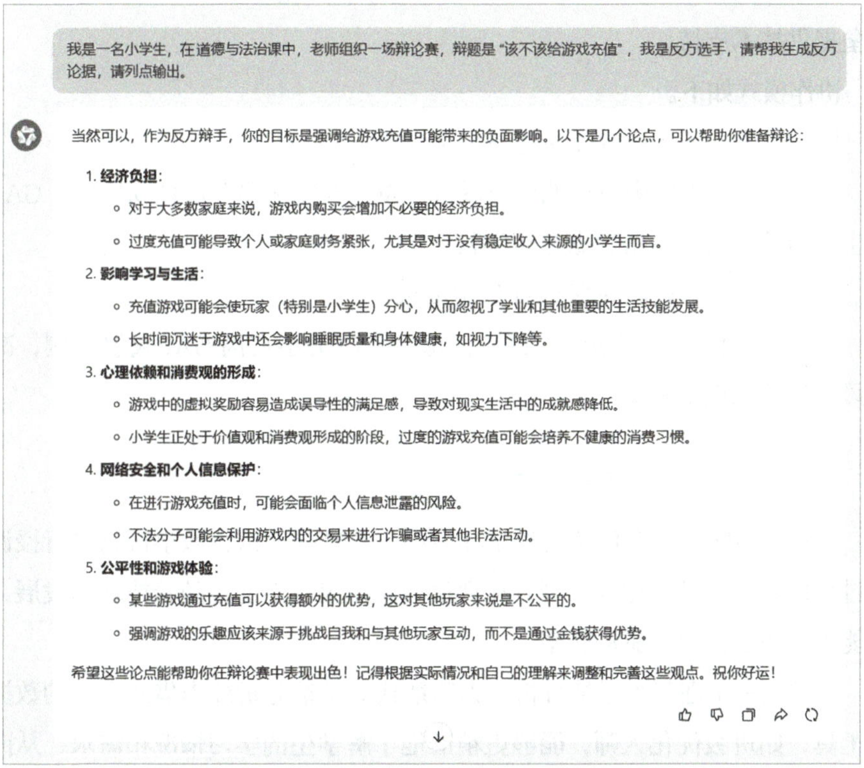

图 1-14 学生通过 GAI 获得反方辩论论据

（四）从"技术使用者"到"创新整合者"

核心变化：教师不再被动接受技术工具，而是结合学科特点自主开发 GAI 应用场景。

实践路径如下。

基础层：熟练使用通用 GAI 工具（如 DeepSeek、豆包等）。

进阶层：利用低代码平台（如"通义灵码"）定制学科插件。

创新层：联合技术人员开发校本化模型。

示例：某小学科学教研组基于飞桨（PaddlePaddle）深度学习框架，训练出识别校园植物的 GAI 模型。学生拍摄树叶照片后，即可获得扩展知识。

（五）从"学科教师"到"跨学科协作者"

政策背景：2022 年，新课标强调"跨学科主题学习"，GAI 为打破学科壁垒提供技术支持。

协作模式如下。

横向协作：多学科教师共建 GAI 资源库。

示例：某初中历史组与地理组联合开发"丝绸之路"虚拟场景课，GAI 自动生成沿途地貌、商贸数据等跨学科资料。

纵向贯通：学段间共享 GAI 教学成果。

示例：某教育集团通过"钉钉云课堂"沉淀小初高 GAI 教学案例，减少学段衔接的知识重复率。

（六）从"经验依赖者"到"数据驱动者"

核心能力转型：在传统的教学环境中，教师往往依赖教学直觉进行授课，通过集体备课和纸笔记录来规划和评估教学效果。然而，随着技术的发展，核心能力正逐步向数据驱动转型。

教学直觉正逐步被学情分析能力所取代。学情分析能力借助先进的数据分析工具，如班级优化大师，能够更精准地了解学生的学习情况和需求，从而制定更有效的教学策略。

集体备课则逐渐融入资源挖掘能力。通过利用学科网 AI 小博士等工具，教师可以快速获取丰富的教学资源，提升备课效率和教学质量。

纸笔记录也正向行为预测能力转变。希沃易课堂等智能教学工具能够记录和分析学生的学习行为，预测其学习趋势和潜在问题，为教师提供及时的教学反馈和调整建议。

这种核心能力转型不仅提升了教学的精准度和效率，还促进了教育技术的创新和发展（见表 1-18）。

表 1-18　核心能力转型

传统依赖因素	数据驱动能力	支持工具举例
教学直觉	学情分析能力	班级优化大师
集体备课	资源挖掘能力	学科网 AI 小博士
纸笔记录	行为预测能力	希沃易课堂

示例：某乡镇中学通过 GAI 系统发现，在数学薄弱生中，有 68% 的问题源自小学分数运算。教师据此设计专项补救课程后，学生的及格率在三个月内从 51% 提升至 79%。

二、教师的新技能要求

GAI 在教学中的应用改变了教师的角色，使教师从知识传授者变成了学习设计者、过程分析师和协作引导者。这要求教师掌握新技能，以有效利用 GAI 工具提升教学效果。

（一）GAI 工具应用能力：从"了解"到"精通"

正如本章前文所述，GAI 的强大功能离不开各类工具的支撑。对于教师而言，仅仅停留在"听说过""简单了解"GAI 工具的层面是远远不够的。未来的教师需要具备熟练应用多种 GAI 工具的能力，才能真正将这些工具融入教学的各个环节。

这不仅仅是指会使用某个软件或平台，更重要的是，深入理解工具的功能特点、应用场景以及局限性。例如，在面对文本生成工具时，教师不仅要会输入指令生成内容，更要理解其背后的语言模型原理，判断生成内容的质量和适用性，并能针对不同学科、不同教学目标灵活运用。

1. 具体技能提升方向

掌握常用 GAI 工具的操作：熟练使用文本生成、图像生成、语音识别、数据分析等各类工具（见图 1-15）。

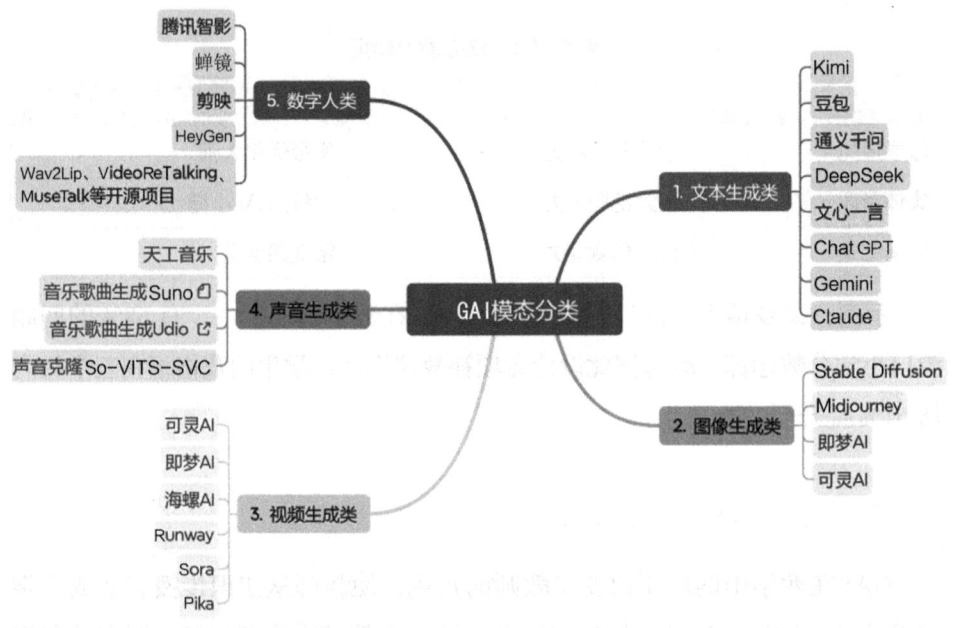

图 1-15　GAI 模态分类

了解工具背后的技术原理：理解大型语言模型、深度学习等核心技术的基本概念，以便更好地理解工具的优劣势。

能够根据教学需求选择合适的工具：能够针对不同的教学目标和学科特点，选择最合适的工具进行辅助教学。

具备工具测评与优化能力：能够评估工具的应用效果，并根据实际情况进行调整和优化，提升工具的应用效率。

2. 举例说明

一位语文教师为了提高学生的写作能力，开始尝试使用 GAI 工具。最初，她只是简单地让学生使用工具生成文章初稿。但随着对工具的深入了解，她发现该工具不仅能生成文章，还能进行语法检查、提供写作思路，甚至进行风格迁移。于是，她开始引导学生利用工具进行头脑风暴，生成不同风格的写作素材，再结合工具的语法纠错功能进行文章修改，最终大幅提升了学生的写作效率和作品质量。

（二）课程设计与融合能力：从"传统"到"创新"

传统的课程设计往往以教材为中心，教师更多地扮演知识传递者的角色。而 GAI 的出现，为课程设计带来了全新的思路和可能。未来的教师需要具备将 GAI 工具巧妙地融入课程设计的能力，打造更具创新性、个性化和互动性的课堂。

这要求教师不仅要熟悉课程内容，更要深入理解学生的学习需求和特点，并能将人工智能工具与教学内容有机结合，设计出能够激发学生学习兴趣、促进深度学习的教学活动。例如，利用 GAI 工具生成个性化的学习资源，设计探究式学习任务，开展互动式评估等。

1. 具体技能提升方向

能够基于 GAI 工具设计创新的教学活动：例如，设计基于 GAI 的探究式学习、项目式学习、情景模拟等活动。

能够利用 GAI 工具生成个性化的学习资源：例如，根据学生的学习水平和兴趣，生成不同的练习题、阅读材料、案例分析等。

能够将 GAI 工具融入教学评价环节：例如，利用 GAI 工具进行作业自动批改、学情分析、个性化反馈等。

具备跨学科融合课程设计能力：能够将 GAI 工具与其他学科知识相融合，设计跨学科的主题式学习活动。

2. 举例说明

教师利用 GAI 图像生成技术，输入如"古代战场、烽火狼烟、将士出征、盔甲鲜明"等关键提示词后，GAI 会迅速生成一系列气势磅礴的古代战争场景图。在画面中，花木兰英姿飒爽，手持长枪，战马嘶鸣，旌旗飘扬，士兵们身披铠甲，严阵以待，战争的紧张气氛扑面而来。

为了进一步增强沉浸感，教师还使用了 GAI 语音合成技术，将《花木兰》中的经典段落合成为古风朗读旁白音频。教室里回荡着古代战歌和 GAI 合成的旁白，营造出古代战场的氛围。

教师将 GAI 生成的场景图展示在一体机上，并播放朗读音频。学生闭上眼睛，跟随教师的引导，展开想象，仿佛置身于古代战场。之后，教师引导学生结合 GAI 营造的意境，再次品读课文，理解花木兰的家国情怀。

GAI 打造的沉浸式教学场景，让学生们通过多感官体验，身临其境地感受到了《花木兰》中的历史氛围，激发了学生的学习兴趣，提高了学生的学习效率（见图 1-16）。

图 1-16 利用 GAI 工具打造沉浸式的《花木兰》教学场景

（三）数据分析与解读能力：从"经验"到"数据"

在传统的教学中，教师主要依靠经验和直觉来了解学生的学习情况和教学效果。而 GAI 的应用，使得教学过程生成了大量的学习数据。未来的教师需要具备数据分析与解读能力，才能更好地利用这些数据，进行精准教学和个性化指导。

这要求教师不仅要会收集和整理数据，更要深入分析数据背后的含义，了解学生的学习行为和学习需求。例如，通过分析学生的作业数据、测试数据、课堂互动数据等，了解学生的知识掌握情况、学习兴趣和学习风格，从而调整教学策略，提供更精准的教学支持。

1. 具体技能提升方向

掌握数据收集与整理方法：了解如何从不同的教学平台和工具中获取学生的学习数据。

掌握基本的数据分析方法：比如，学会使用统计图表、数据可视化工具等，分析学生的学习数据。

解读数据背后的教学意义：能够从数据中发现学生的学习规律、问题和需求，并将其转化为教学改进的依据。

具备数据伦理意识：了解学生数据的隐私保护和安全问题，合规合理地使用学生数据。

2. 举例说明

一位语文教师使用科大讯飞的智慧课堂学情分析平台，自动收集并分析学生的电子作业、在线练习和互动表现数据，生成详细报告。

分析报告后，教师发现班级学生对"古诗词鉴赏"模块掌握不充分，特别是在"意象分析"和"情感把握"方面表现较弱。报告还呈现了学生学习风格的差异。

根据数据，教师调整教学策略，重点讲解薄弱环节，并推送个性化资源以适应不同学习风格的学生。

通过该平台支持，教师实现了精准教学，学生在"古诗词鉴赏"方面的水平也得到了显著提升，不同风格的学生均做到了有效学习（见表1-19）。

表 1-19　智慧课堂学情分析平台的学生学习数据示例

分析维度	分析指标	班级平均水平	学生 A	学生 B	学生 C
知识点的掌握	古诗词鉴赏（意象分析）	65%	80%	50%	70%
	古诗词鉴赏（情感把握）	70%	85%	55%	75%
学习风格	学习风格偏好	综合型	视觉型	听觉型	实践型
学习行为	课堂互动积极性	中等	高	低	中等

（四）批判性思维与伦理素养：从"接受"到"甄别"

GAI 虽然功能强大，但其生成的内容并非完美无缺。例如，文本生成工具可能会产生事实性错误、逻辑错误，图像生成工具可能会出现伦理道德问题等。未来的教师需要具备批判性思维和伦理素养，才能正确对待和使用 GAI 工具。

这要求教师不仅要审慎评估 GAI 工具的输出结果，判断其质量和可靠性，更要引导学生树立正确的价值观和伦理观，避免过度依赖 GAI，培养独立思考和解决问题的能力。例如，在利用 GAI 工具辅助作文写作时，教师要引导学生批判性地审视工具生成的初稿，并进行修改和完善，而不是简单地照搬照抄。

1. 具体技能提升方向

具备批判性评估 GAI 工具输出内容的能力：例如，能够识别文本生成工具中的事实性错误、逻辑错误和语言表达问题。

能够辨别 GAI 工具可能存在的偏见和伦理风险：例如，了解图像生成工具可能存在的歧视性偏见，并引导学生正确看待。

能够引导学生进行批判性思考和独立判断：培养学生不盲从 GAI 工具，而是将其作为辅助工具，进行独立思考和判断。

具备伦理道德教育能力：能够引导学生树立正确的价值观和伦理观，负责任地使用 GAI 技术。

2. 举例说明

一位英语教师在利用 GAI 写作辅助工具进行教学时，发现该工具生成的某些文章虽然语言流畅，但内容缺乏深度，甚至存在一些事实性错误。于是，她在课堂上引导学生对 GAI 生成的文章进行批判性分析，让学生找出文章的优点和不足，并进行修改和完善。通过这种教学方式，学生不仅学会了使用 GAI 工具，还培养了批判性思维和独立思考能力。

（五）协作沟通与终身学习能力：从"单打独斗"到"协同发展"

教育数字化和智能化发展日新月异，GAI 技术也在不断迭代更新。未来的教师需要具备更强的协作沟通能力和终身学习能力，才能适应快速变化的教育环境，与时俱进，不断提升自身的专业素养。

这要求教师不仅要积极参与专业学习和培训，掌握最新的教育技术和教学方法，还要加强与同行、专家，甚至技术人员的交流与合作，共同探索 GAI 在教育领域的应用，共同解决教学实践中遇到的问题。例如，加入教师社群，分享 GAI 教学经验，与技术人员合作开发教学工具等。

具体技能提升方向如下。

具备主动学习新技术与新知识的意愿和能力：例如，积极参加 GAI 相关的培训和工作坊，阅读相关文献和资料。

能够与同行进行有效沟通和协作：例如，加入教师社群，分享教学经验，共同开展教学研究。

能够与专家和技术人员进行跨界合作：例如，与 GAI 领域的专家交流，了解最新的技术发展动态，与技术人员合作开发教学工具。

具备反思与创新能力：能够反思自身的 GAI 教学实践，并不断进行创新和改进，提升教学效果。

（六）小结

面对 GAI 带来的教育变革浪潮，教师们需要积极拥抱变化，主动提升自身技能。从 GAI 工具的应用能力，到课程设计与融合能力，再到数据分析与解读能力、批判性思维与伦理素养，以及协作沟通与终身学习能力，这些新技能要求不仅是教师适应未来教育的必要条件，更是教师在 GAI 时代实现自身专业发展，更好地服务学生，引领教育变革的关键所在。

三、教师的专业发展路径

如今，面对 GAI 带来的教育变革，教师的角色和技能都在经历深刻的转型。正如前文所述，未来的教师不仅需要掌握新的技能，还要转变固有的角色定位。而要实现这些转变，持续的专业发展就显得至关重要。教师的专业发展不再仅仅是提升学科知识或教学技巧，更是适应人工智能时代教育新生态，实现自身价值跃升的关键路径。

那么，在 GAI 蓬勃发展的时代，教师的专业发展之路应该如何规划和展开呢？下面将为中小学教师们提供一些切实可行的专业发展路径，帮助大家更好地拥抱变革，乘势而上。

概括而言，教师的专业发展应该是一个持续、多元、自主的过程。它不仅不应局限于传统的培训和讲座，更应注重实践探索、同伴互助以及自我反思。下面将从五个维度，为教师们详细解读专业发展的有效路径。

（一）拥抱自主学习：构建自身的 GAI 学习地图

在信息爆炸时代，教师需自主学习，掌握个人 GAI 学习地图，追踪技术动态。GAI 技术更新快，集中式培训难以满足个性化需求。

路径指引如下。

利用在线资源，教师可随时随地学习 GAI 相关课程，如网易云课堂、学堂在线等，涵盖技术原理、应用案例、教学实践。

关注专业网站、博客和公众号，了解最新技术的进展和行业动态。

学习 GAI 教育工具的官方教程，掌握操作技巧和应用方法。

加入 GAI 教育相关社群，如教师社群、论坛或微信群，分享学习心得、交流实践经验、解决教学难题。

在社群中获取最新信息，获得同伴支持，拓宽专业视野。

构建个人知识库，积累学习成果，具体包括：建立学习笔记，记录重点、难点；收集优质资源；撰写学习反思，总结经验教训。

（二）参与同伴互助：构建学习共同体，促进集体成长

教师的专业发展应重视同伴互助，共同面对 GAI 应用中的挑战。通过建立学习共同体和开展互助活动，可以促进教师集体成长和专业提升。

具体路径如下。

组建校本教研团队并进行集体备课，以学校或教研组为单位共同学习 GAI 知识，研讨教学设计，分享教学资源；深入研读 GAI 教育理论，集体设计 GAI 融合课程，探讨如何将 GAI 工具融入学科教学并创新教学活动；分享 GAI 工具使用经验和技巧，以提升应用能力；通过开展同课异构和互相观摩学习，了解不同的 GAI 应用模式，借鉴优秀的教学设计，反思自身的教学实践；定期开展教学案例研讨，共同解决难题，聚焦于学生学习效果提升、教学资源优化和课堂互动增强（见表 1-20）。

表 1-20　同伴互助活动形式与目标示例

活动形式	主要目标	预期效果
集体备课	共同研讨 GAI 融合课程设计	提升课程设计质量，共享教学资源
同课异构	互相观摩学习 GAI 应用模式	拓展 GAI 应用视野，吸取优秀的教学经验
案例研讨	共同解决 GAI 教育实践难题	提升问题解决能力，促进教学改进

（三）参与专业培训：系统提升 GAI 教育素养

教师可以通过多种途径提升自己在 GAI 教育领域的专业能力。首先，可以参加教育部门、师范院校或教育研究机构组织的培训项目。许多高校的教师发展中心定期举办与 GAI 教育相关的专题培训和工作坊，各级教育行政部门也会组织面向中小学教师的 GAI 教育培训项目。

其次，教师可以参与专业机构或企业提供的认证课程，这些课程更注重实践应用和技能培养。例如，一些 GAI 软件厂商会提供针对其产品的认证课程，帮助教师掌握工具的深度使用技巧；教育科技公司也会提供 GAI 教育解决方

案的培训课程，帮助教师了解如何将GAI技术融入学校的整体教学体系。

对于有更高学术追求的教师，攻读在职学位或获取专业证书是提升学历层次和专业技能的有效途径。通过系统化的学历教育，教师可以深入学习GAI教育理论体系，提升科研能力，并为未来的职业发展开辟更广阔的空间。

（四）投身行动研究：在实践中探索GAI教育创新

理论学习和技能培训固然重要，但教师专业发展的最终目标是将所学知识和技能应用于教学实践，并在实践中不断探索和创新。行动研究是一种有效的专业发展方式，它鼓励教师将课堂作为实验室，在真实的教学情境中，探索GAI教育的应用模式，解决教学实践中遇到的问题，并不断改进教学方法。

聚焦教学痛点，教师可从日常教学中遇到的问题入手，确定行动研究的主题，如利用GAI工具提升学生写作兴趣和能力、进行个性化教学或创设沉浸式学习环境。接着，围绕研究主题制定详细的行动方案，包括明确研究目标、选择合适的GAI工具、设计教学活动和确定数据收集方法。在教学实验过程中，教师需持续收集数据，如学生作业、问卷调查、课堂观察和访谈等，并对数据进行分析，以评估教学效果，反思教学实践，并根据结果调整或改进教学方案。行动研究是一个循环往复的过程，教师需不断实践、反思和改进以提升教学效果。最后，教师应撰写研究报告并积极分享实践成果，通过校本教研活动、学术会议或论坛，以及教育期刊或媒体等方式，与他人交流研究成果，扩大影响力。

（五）构建反思文化：持续审视GAI教育实践，促进学生深度成长

反思是教师专业成长的关键。在GAI教育中，教师应建立反思文化，审视教学行为和效果，总结经验，促进成长。这不仅是对教学过程的回顾，也是对教育理念和价值观的再审视。通过建立教学反思日志，教师可以定期记录教学反思内容，包括教学设计的合理性、GAI工具的有效应用以及是否满足学生需求。此外，教师应关注课堂教学的流畅性、学生的参与度和GAI工具的恰当应用，并评估学生学习效果是否提升以及是否达到教学目标。

为了提升反思质量，教师可以使用多种反思工具。例如，通过教学录像分析，教师可以发现教学中的问题或不足；通过学生反馈问卷，了解学生对GAI教育的感受和评价；通过同伴互评量表，教师可以从同伴反馈中发现教学中的问题。这些工具可以帮助教师更深刻地理解教学情境，全面了解教学过程，并更深入地洞察学生需求，理解学生的学习体验和情感。在此基础上，教师能够进行更系统的反思和再建构。

开展教学叙事研究是深度挖掘教育智慧的有效途径。通过这种方式，教师可以更全面地反思教学理念，将其与教育价值观紧密联系，进而进行深度反思和再建构。这不仅有助于教师个人的专业成长，也有助于提升整个教育系统的质量。通过持续的反思和改进，教师可以更好地应对GAI教育的挑战，为学生提供更优质的教育体验。

（六）小结

GAI为教育带来了前所未有的机遇，也对教师的专业发展提出了新的挑战。但机遇与挑战并存，教师们不必畏惧变革，而应积极拥抱变革，主动学习，勇于实践，在人工智能的浪潮中，找到属于自己的专业发展之路。通过持续的自主学习、同伴互助、专业培训、行动研究和反思实践，教师们一定能够成为人工智能时代的"学习设计者""过程分析师""协作引导者"，在教育变革中实现自身的专业价值，为培养面向未来的创新人才贡献力量。

第二章 GAI 赋能文科教学实践：语义理解与图像分析技术

文科教学在内容呈现和学习互动中面临着多样化的挑战，而 GAI 通过其语义理解与图像分析技术，正为传统教学提供全新的解决方案。本章聚焦 GAI 如何在文科教学中发挥作用，重点探讨智能文本生成与批改、智能资料分析与呈现、智能图像生成与数据可视化技术应用三个方面。首先，介绍 GAI 在智能文本生成与批改中的应用原理与实际场景，展现其在提升教学效率和个性化辅导方面的潜力；然后，分析 GAI 如何通过智能资料分析与呈现优化教学资源，促进教学模式的转变；最后，探讨 GAI 在智能图像生成与数据可视化技术中的创新应用，帮助教师通过多感官体验提升学生的认知深度与兴趣。通过本章的学习，教师将能够有效借助 GAI 技术提升文科教学质量，创新教学手段，优化教学体验。

第一节 智能文本生成与批改

文本生成与批改是文科教学中的核心任务，也是教师工作中最耗时且主观性强的环节。GAI 以其强大的语言生成与语义分析能力，正在重塑语文与英语教学的内容生成与反馈机制。本节从理论基础与技术原理切入，阐明 GAI

在智能文本生成与批改中的实现逻辑与设计原则，进而聚焦其在语文、英语及跨学科教学中的典型应用场景与工具支持，并通过多个案例展示其在提升教学效率、增强个性化指导和优化教学评价中的实际成效。

一、GAI 辅助文科文本生成的理论基础与批改技术原理

（一）GAI 辅助文科文本生成的理论基础

1. 建构主义学习理论

建构主义学习理论强调学习者是知识意义的主动建构者，而非被动接受者。该理论认为，知识并非客观传递，而是个体在与环境的互动中基于已有经验动态生成的。其核心观点包括：学习具有情境性，需在真实问题中实践；认知发展依赖社会协作，通过对话协商深化理解；教师角色转变为引导者，创设支持性环境促进意义建构。皮亚杰的认知建构理论与维果茨基的社会文化理论为其重要基础：前者强调学习者通过同化、顺应实现认知平衡，后者借助"最近发展区"实现潜能发展，最终实现个性化知识体系的自主建构。

GAI 通过提供个性化文本素材和互动反馈，支持学生在"情境创设—主动探索—意义建构"中完成知识内化。例如，GAI 在语文或英语学科生成的故事续写任务中可以激发学生基于已有经验进行创造性表达，培养学生的思维能力和语言表达能力。

2. 语言习得理论（英语学科）

语言习得理论重视环境输入与交际实践。认知建构理论（皮亚杰）强调主体与环境互动，认为语言能力的形成是内在机制、社会经验与认知发展协同作用的结果。通过 GAI 生成真实语境下的英语对话（如购物、问路、爱好、出行场景），符合克拉申"可理解性输入假说"，帮助学生在自然语言环境中习得语言，从而提升学生的交际能力。

3. "最近发展区"理论（语文学科）

"最近发展区"理论在语文教学中强调教师需要精准评估学生现有水平与

潜在发展空间，通过设计"跳一跳，够得着"的任务促进学生成长。例如，分层阅读指导从浅层理解逐步过渡到批判性分析，写作教学从仿写支架过渡到创意表达，结合小组合作、师生对话等社会互动提供认知支持。教师动态调整教学策略，搭建脚手架帮助学生跨越最近发展区，实现语言能力从独立完成任务到潜在水平的跃升，最终形成自主建构的语文素养。GAI 可动态调整生成文本的难度（如古诗翻译的深浅度、故事人物的理解深度等），为学生提供"跳一跳，够得着"的学习材料，促进学生认知发展。

（二）GAI 赋能文科批改技术实现原理

1. 自然语言处理（NLP）技术

GAI 的 NLP 技术基于深度学习，通过大规模预训练模型（如 GPT、BERT）掌握语言规律，执行文本生成、理解、翻译等任务。核心技术包括自注意力机制、Transformer 架构及多任务学习，赋予模型上下文捕捉与语义推理能力。应用涵盖智能对话、内容创作、情感分析等领域，支持零样本学习与持续微调以适应多样化需求。

2. 生成对抗网络（GAN）与强化学习（RL）

GAN 与 RL 结合形成 GAI 框架，通过对抗机制优化策略，生成器可模拟数据分布，判别器可提供反馈信号，强化学习则可动态调整生成策略以最大化奖励。GAN 可增强 RL 的探索能力，生成逼真环境或状态；RL 可优化 GAN 训练的稳定性，解决模式崩溃问题。应用涵盖模仿学习、多模态生成及复杂决策任务，如游戏 AI 与机器人控制。其核心挑战在于平衡对抗博弈与策略收敛，需要设计高效的奖励函数，降低计算成本，以实现鲁棒、自适应的生成与决策协同进化。GAI 在文本批改中通过对比学生作文与标准语料的差异，结合强化学习优化反馈策略，可提升纠错精准度。

3. 多模态融合

GAI 多模态融合教学整合文本、图像、音频、视频等多源信息，通过跨模态对齐与协同表征技术（如 CLIP、Transformer），可模拟人类多感官学习机制。

其核心在于动态生成适配学习者认知风格的教学内容。例如，图文交互解析概念、音视频增强情境理解，可结合情感计算优化反馈。应用涵盖自适应学习路径规划、智能辅导系统及沉浸式虚拟课堂，通过模态互补提升知识内化效率。在教学中，结合图像生成（如看图写话）与文本生成技术，可增强语文写作的具象化表达；语音识别与 AI 对话结合，可提升英语口语训练的互动性。

（三）GAI 赋能文科文本生成与批改的设计原则

1. 以学生为中心原则

GAI 技术基于语言学与统计学中的方法，借助机器学习和深度学习等技术来实现对文本的处理和对语义的理解。例如：输入学生喜欢的"哪吒之魔童闹海"后，GAI 就会生成符合语文教学需求的作文素材。借助 NLP 技术，人工智能辅助学习平台能够模拟真实的对话场景，跟学生展开交互式的口语训练。例如：当学生进行口语练习时，它们能够根据学生的口语水平动态调整生成文本的难度，并展开对话，当学生说出句子："What's your favourite sport?"（你最喜爱的运动是什么？）后，平台就能够根据学生的问题给出恰当的反馈与回应，如"My favourite sport is playing soccer."，以此模拟真实对话场景里的交流互动情形。这样平台就能够激励学生对其喜爱的运动做进一步阐述，通过提出问题或者意见来持续推进对话。这种以学生为中心、兴趣为导向的交互式的练习能更好地提升学生的学习动机，锻炼学生的口语能力，提高口语的流利程度。

2. 文本和语义分析原则

凭借文本分析技术，GAI 这一人工智能辅助学习平台不仅能够识别出学生写作中的语法差错，还能针对写作结构和内容提出建议。比如，一名学生上传了一篇英语作文，其中有如下错误句子"She usually go to school on food."，系统不仅会实时纠正其语法与词汇错误，把 go 改为 goes，把 food 改为 foot，还会建议学生增添更多的细节以丰富描述或者提示学生采用恰当的过渡词，从而增强句子间的连贯性，如"First, she eats her breakfast.Then, she goes to school on foot."，人工智能辅助学习平台通过对学生写作文本的深度剖析，不仅能够察觉其中的问题，如段落安排、信息呈现、主题表述等，还能进行语法和拼写纠错，并根据学生写作的结构与内容提出建议。

3. 持续迭代和即时反馈原则

写作教学与评价的要求强调充足的写作实践和即时反馈的重要性。统编初中语文教材中的 36 个写作单元为学生提供了丰富的实践练习机会，特别是围绕记叙文写作的任务，如"学会记事""如何突出中心""学习抒情""抓住细节"等。虽然这些写作任务的设置频率较高，但在实际操作过程中，学生往往面临反馈滞后的问题，并且教师的反馈内容难以深入，缺乏具体的指导意义。这不仅限制了学生对写作内容、方法及策略的反思与改进，还影响了他们在写作的兴趣、态度和自信等非认知层面上的发展。相比之下，GAI 能够"形影不离"地伴随在学生的写作过程中，对学生不同阶段的作文给予即时、动态、针对性的反馈，这构成了一条透明的"历时"反馈链条。学生可以随时查看反馈，并对比自己的"原始稿"与"迭代稿"，从而针对薄弱环节及时进行修改。在这个过程中，学生不仅能加深对写作的理解，提升写作技能，还能从中得到有关情绪、态度方面的正向反馈，从而增强写作的自我效能感，推动高效写作行为的发生。

二、GAI 在语文、英语教学中的应用场景

GAI 在语文、英语学科中的应用展现了三大核心应用价值：一是通过虚拟场景构建沉浸式语言学习环境；二是利用智能协作工具生成文本，促进探究过程；三是依托人机协同进行文本批改。这些技术手段不仅显著提升了教学效率与学习效果，更通过技术赋能构建了"情境—内化—检测—优化"的完整学科探究闭环，使学生能够更好地解决综合性文科问题，培养数字化时代的文科素养。下面结合语文和英语学科的特点，从文本生成与文本批改两大维度梳理其应用场景及具体实践路径。

（一）GAI 在语文、英语教学中的价值

GAI 在语文、英语教学中具有显著优势。通过个性化、互动式的学习内容

和实时反馈，GAI 不仅能提升教学效果，还能促进学生的自主学习能力。其一，丰富教学资源，GAI（如 ChatGPT、文心一言等）能生成各种各样的文本素材，如故事、诗歌、对话等，激发学生学习兴趣；其二，提升教学效率，如 GAI 自动批改作业，减轻教师负担，提供即时反馈；其三，支持个性化学习，如 GAI 根据学生已有水平生成个性化学习材料，满足不同学生的学习需求。

（二）智能文本生成技术的工具

GAI 技术的核心在于其能够通过学习大量文本数据，生成符合语法规则和语义逻辑的新文本。在文科教学中，这一技术可以广泛应用于文本生成、素材创作和课堂互动中。表 2-1 列出了常见的智能文本生成工具及其特点。

表 2-1　智能文本生成工具及其特点

工具名称	主要功能	适用场景
ChatGPT	生成高质量文本、回答问题、提供建议等	作文素材生成、阅读理解辅助
豆包爱学	拍照搜题、AI 讲题、一键批改、作文指导	语文和英语作文批改
钉钉 AI 助理	智能批改、数据分析	语文和英语作文批改
文心一言	中文文本生成、语言模型训练	语文和英语作文素材生成、课堂互动

（三）语文教学应用场景

1. 文本生成：激发创意表达（见表2-2）

表 2-2　文本生成：激发创意表达场景及应用

场景	具体应用	效率与效果
写作素材即时生成	教师输入关键提示词（如"春天""希望"），GAI 会生成散文片段、诗歌或名言名句，作为学生写作的灵感来源	3 秒内生成多样化素材，解决学生"无话可写"的痛点

续表

场景	具体应用	效率与效果
个性化阅读材料定制	根据学生的阅读水平（如识字量、理解能力），GAI 会生成恰当的短篇故事或文言文改编文本	避免"一刀切"教学，实现分层阅读，学生阅读理解正确率高
古诗词意境可视化	GAI 能生成古诗的现代文翻译＋配套插图（如《春晓》的春天场景图），辅助学生理解诗词意象	多模态学习降低了古诗词的理解难度，学生对古诗词的理解更加深刻，大大提升了学生学习古诗词的兴趣和信心

2. 文本批改：精准反馈闭环（见表2-3）

表 2-3 文本批改：精准反馈闭环场景及应用

场景	具体应用	效率与效果
错别字智能筛查	GAI 自动扫描学生的作文，标记错别字（如"平、苹、萍"误用），并推荐修正方案	教师批改时间缩短60%，学生常见错别字的重复率大大下降
作文结构诊断	GAI 识别文章逻辑问题（如议论文论据不足），生成可视化思维导图辅助学生调整文章结构	学生的作文结构更加合理，教师的针对性指导效率得到提高
情感表达分析	GAI 分析学生作文中的情感倾向（如记叙文中的情感饱和度），生成"情感雷达图"，并提供优化建议	帮助学生提升情感表达能力，教师能够快速定位学生写作的风格倾向，显著提升个性化辅导的效率

（四）英语教学应用场景

1. 文本生成：构建真实语境（见表2-4）

表 2-4 文本生成：构建真实语境场景及应用

场景	具体应用	效率与效果
情景对话即时生成	输入场景关键提示词（如"park""family"），AI 能生成角色对话脚本，支持语音合成和跟读练习	5分钟内生成10组对话，替代传统教材固定的内容，学生口语练习频率提升3倍

续表

场景	具体应用	效率与效果
跨文化主题拓展阅读	GAI 根据课文主题（如"节日文化"），生成英美国家相关习俗的英文短文，附带文化差异注释	拓展了学习边界，学生跨文化意识测评得分得到提升
个性化写作模板生成	学生输入写作题目（如"My Hobbies"），GAI 生成 3 种不同风格的范文（叙事、说明和议论），供学生模仿学习	解决"模板单一化"问题，学生写作更加多样化，同时大大缩短了教师备课时间

2. 文本批改：语言精准度强化（见表2-5）

表 2-5 文本批改：语言精准度强化场景及应用

场景	具体应用	效率与效果
语法错误实时纠错	学生在线写作时，AI 自动标红语法错误（如时态混乱、主谓不一致），并弹出规则提示框	错误修正响应速度小于 1 秒，学生写作准确率得到提升，教师课后批改负荷降低
中式英语智能过滤	AI 识别"直译中文思维"的句子（如"I and mum go shopping."），提供地道的表达建议（"I go shopping with my mum."）	降低母语负迁移影响，学生的语言更加地道
写作风格优化建议	AI 对比学生作文与高分范文，生成"词汇丰富度""句式复杂度"雷达图，并提供升级方案	学生写作能力显著提升，教师个性化反馈效率得到提高

（五）跨学科高效融合（见表 2-6）

表 2-6 跨学科高效融合场景及应用

场景	具体应用	效率与效果
主题式项目学习	围绕"环保"主题，AI 同步生成中英文双语的调查报告、倡议书、科普视频脚本，支持跨学科协作	打破学科壁垒，项目完成时间缩短 50%，学生综合素养测评优秀率提升
多模态创作工坊	学生输入文字描述，AI 就会生成插画+中英文配文（如"动物"主题绘本），支持创意表达与语言实践相结合	激发学习兴趣，学生作品展示率提升 65%，语言运用能力与艺术创造力同步发展

续表

场景	具体应用	效率与效果
虚实融合课堂	AI生成虚拟角色（如"英国小记者"），通过语音交互与学生进行中英文问答，实时生成对话记录供教师分析	课堂互动频次大大提高，学生语言应变能力显著增强

（六）语文、英语教学应用场景落地的关键支撑

GAI 在语文和英语教学中的落地需要技术、数据、教学场景、用户体验、教育理论、伦理安全、教师支持等多方面的支撑，从而有效提升教学效果和学习体验。在技术方面，语文场景需强化中文分词、古诗词平仄识别能力；英语场景需集成权威语料库，确保语言的地道性。在教师赋能方面，所提供的"AI工具包"（如预设关键提示词模板、批改规则库）要降低技术使用门槛。在评价体系方面，要建立"AI辅助指数"，量化生成内容的使用率、批改准确率等指标，动态优化场景设计。

GAI 在语文、英语教学中的场景需满足三个核心特征：精准需求匹配（如解决"写作素材匮乏"）、显著效率提升（如批改时间减半）、多维能力培养（如语言+思维+文化）。未来，随着多模态技术与教育场景的深度融合，其应用边界将进一步拓展，但始终需要以"服务于人"为终极价值导向。

三、GAI 在语文、英语教学中的应用案例

GAI 在语文、英语教学中的应用场景，需要紧密结合学科核心素养目标，通过技术解决传统教学难点。下面介绍的应用案例涵盖"文本生成"与"文本批改"两大方向，突出效率提升与教学创新。

（一）语文学科高效应用案例

应用案例 1：智能辅助续写——生成多种"开头"写作风格

场景：小学四年级学生在完成《春节趣事》作文时，面对开头无从下笔。
工具：ChatGPT、文心一言（中文创意写作模式）。

步骤如下。

步骤1：在文心一言工具界面中输入学生口头描述事件的关键提示词（如"小学生""春节""放烟花""灯笼""旅行"）。

步骤2：AI生成如下三种不同风格的开头。

叙事型："春节，是一场盛大而温暖的狂欢，在这个特别的日子里，放烟花……"

悬念型："家里门口悬挂的荷花灯笼，每次看到它，我就想起和父母元宵节在小区赏花灯、猜灯谜……"

对话型："'别怕，抓住我的手！'爸爸的声音从头顶传来，我却盯着脚下的悬崖瑟瑟发抖……"

AI不仅能生成文字性的开头，还能配上对应的图画（见图2-1），让学生学习更加直观、生动。

图2-1 文心一言生成的三个场景图

步骤3：学生选择自己喜欢的风格根据图创意写作并修改开头，完成全文写作。

写作效果：学生写作平均启动时间从平时的15分钟缩短至3分钟，教师课堂指导效率提升50%，学生个性化写作风格初显。

应用案例2：古文学习"助推器"——提高文言文学习效率

场景：初中生在学习《岳阳楼记》时难以理解"先天下之忧而忧"的深层含义。

工具：豆包。

步骤1：在豆包中输入"请将范仲淹《岳阳楼记》中的名句'先天下之忧而忧，后天下之乐而乐乎'转换为自然流畅的白话文。同时，请为转换的白话文创作一个简短的情景片段，描绘范仲淹在写《岳阳楼记》时的心境与场景。"

GAI生成的内容：

白话文翻译：

（我想）他们一定会说"在天下人还没忧愁的时候，就先为天下事忧愁；在天下人都过上好日子之后，自己才享受快乐"吧！

简单情景：

深秋的傍晚，范仲淹在邓州的官舍里铺开纸笔，桌上放着好友滕子京寄来的岳阳楼图。图中洞庭湖水波荡漾，新修的楼阁立在晴日里，可他想起不久前听闻的江淮旱灾，笔尖迟迟没落下。

一旁的书童见他望着窗外萧瑟的田野出神，轻声地问："大人，滕知州修好了名楼，您该写一些赏景的句子才是。"

范仲淹摇摇头，指着远处赶路的农人："你看那些百姓，还在为过冬的粮食奔波。就算楼再美，若天下人有难处，谁能真心畅快？古往今来，真正有担当的人从来都是先记挂着天下的忧愁，等大家都安稳了，自己才会觉得快乐。"

说罢，他蘸墨写下那句流传千古的话，字里行间藏着对天下百姓的牵挂。

步骤2：在豆包中输入"请根据上面的情景生成图片"。

豆包生成的情景图如图2-2所示。

图2-2　GAI生成的范仲淹写《岳阳楼记》情景图

学习效果：通过 GAI 的辅助，能够更好地帮助学生走进文言文，理解其中的内容及作者的真实感受，从而帮助学生更好地记忆和应用文言文。

应用案例 3：作文批改——实时精准批改

场景：教师需要在 24 小时内批改 50 篇《我的家乡》作文。

工具：钉钉。

操作步骤如表 2-7 所示。

表 2-7　GAI 批改语文作文的操作步骤

步骤	GAI 操作	教师复核	耗时
1	扫描学生作文上的错别字、标点错误（如"的、地、得"混淆）	扫描相关文本	3 秒 / 篇
2	标记学生作文上的语病句，如"我的家乡是坐落在一个美丽的地方"	教师复核 GAI 误判之处（如方言表达被误标）	30 秒 / 篇
3	GAI 生成学生作文结构分析图（如开头、主体、结尾各占比例）	教师点评学生作文的情感表达	1 分钟 / 篇

批改作文效果：教师批改班级学生作文总时长从 24 小时缩短至 2 小时。学生收到包含"错误分布热力图"的反馈报告，修改针对性提升 70%。

（二）英语学科高效应用案例

应用案例 4：情景对话——创设"真实情境"

场景：六年级 AI 情景对话——交通方式大探究。

工具：科大讯飞 AI 听说课堂。

操作步骤如下。

步骤 1：课前准备。

教师登录 AI 听说课堂，找到备课页面并输入中文指令"生成六年级英语对话，主题为'上学交通方式'，包含 6~8 轮对话。要求：用 PEP 六年级上册 Unit2 词汇（subway, bus, traffic lights...）；采访版聚焦日常体验，辩论版对比优缺点；每句不超过 8 个单词。"

生成对话如下。

【采访版】

A: How do you come to school?

B: By bus! It's cheap but sometimes slow.

A: Do you like rainy days?

B: No. I get wet waiting at the bus stop...

【辩论版】

A: Bikes are better than cars!

B: But cars keep us safe in bad weather.

A: Cars cause air pollution!

B: Then let's take the subway together!

步骤 2：课中实践。

学生用 AI 听说课堂语音答题器进行分角色对话；学生选择角色（A/B）与 AI 对话，要求必须用完整的句子回答。教师端开启"交通方式擂台赛"模式；大屏显示小组实时得分（按语法准确率＋发音得分）。

AI 生成学生的流利度、发音、语法等多维评分雷达图。

步骤 3：课后巩固。

AI 生成学生个人错音训练包，教师发送给家长端，学生课后进行巩固。

学习效果如下。

①学生课堂讲英语的开口率从 40% 提升至 90% 以上。

②学生的英语口语典型语法错误（如第三人称单数的缺失）重复率下降 65%。

应用案例 5：写作批改，精准攻克中式英语表达

场景：高中生英语作文中频现"Chinese English"表达。

工具：DeepSeek。

操作步骤如表 2-8 所示。

表 2-8 GAI 批改英语作文的操作步骤

学生原句	AI 诊断	AI 修正建议	教师补充
I very like reading.	副词误用	I really enjoy reading.	"enjoy"比"like"情感更强烈
This is a small clever bird.	形容词顺序错误	This is a clever little bird.	英语形容词顺序口诀教学
I with my mom go shopping.	介词冗余	My mom and I went shopping.	强调英语主语优先原则

效果如下。

①中式英语作文的错误减少 55%。

②教师可聚焦深层逻辑问题（如论点展开不充分）。

应用案例 6：跨文化交际模拟——培养"跨文化交际能力"

场景：中国传统节日——端午节。

工具：豆包。

操作步骤如下。

步骤 1：通过 GAI 生成英语短文。

提示词：现在一名初中八年级学生要用英语介绍我国端午节。请你结合八年级学生英语水平写一篇演讲稿，并生成相应的图片，演讲稿要包含 200 个词汇。

生成的演讲稿如下。

Dragon Boat Festival: A Colorful Chinese Tradition

Dear friends,

I'm so excited to share one of China's most lively festivals with you - the Dragon Boat Festival! Falling on the fifth day of the fifth lunar month, this festival has over 2,000 years of history. Today, I'll tell you about its stories, traditions, and why it's still loved by millions.

The festival remembers Qu Yuan, a wise poet who lived long ago. Sadly, he died in a river to protect his country. People threw rice balls into the water to keep fish away from his body and raced boats to find him. That's how we got the traditions of eating zongzi and dragon boat races!

Zongzi is a star of the festival. We wrap sticky rice, meat, or sweet beans in bamboo leaves to make pyramid-shaped treats. Every family has their secret recipe! My grandma always makes my favorite pork zongzi - the smell makes my mouth water!

The dragon boat races are even more exciting. Teams of strong rowers shout "Hai yo! Hai yo!" while following the drumbeat. The boats, painted like dragons, cut through the water like flying arrows. It's like a real-life dragon dance on the river!

We also hang mugwort leaves on doors to stay healthy, and children wear colorful silk pouches for good luck. These traditions remind us to value health, family, and bravery.

The Dragon Boat Festival isn't just about food or fun. It's a time to remember our heroes, enjoy time with family, and feel proud of our culture. I hope you'll join us someday - try zongzi, cheer for the races, and feel the magic of China's traditions!

Thank you!

步骤2：生成图片。

提示词：请根据上面英语演讲稿的各段内容生成对应的图片。GAI 按照各段顺序生成相应的图片，如图 2-3 所示。学生还可以进一步通过 GAI 生成对应的演讲 PPT。

图 2-3　GAI 根据英语演讲稿各段内容生成的图片

图 2-3　GAI 根据英语演讲稿各段内容生成的图片（续）

学习效果如下。

①通过GAI的应用，学生可以高效地完成符合自己英语水平的英语演讲稿。

②生成对应的图片，更加直观、生动地展现演讲内容，为演讲锦上添花。

第二节
智能资料分析与呈现

文科教学高度依赖对文本资源的理解与运用，然而在传统教学中，资料处理效率低、呈现方式单一等问题长期制约着教学效果的提升。GAI 通过语料分析、信息重组与可视化表达，正重构文科教学的内容组织与呈现方式。本节将聚焦 GAI 在文科资料分析中的价值体现，探讨其如何契合人文教育的核心理念，推动教与学方式的深度变革，并通过具体应用策略与典型案例，展现智能资料在提升学习深度、激发学生思维和增强课堂互动中的实践成效。

一、智能资料分析与呈现在文科教学中的应用价值

（一）传统文科教学中文本类教学资源使用的痛点

在文科教学中，存在着大量的文本类教学资源，如历史教学中的史料、道德与法治教学中的案例等。在传统教学模式下，文本资源的生成与选取呈现出明显的"教师中心"特征：教师依托既有经验，通过预设的认知框架选取适配的文本，构建单向的知识传输通道。例如，教师在进行大运河评价这一环节的教学时，使用了以下文本资源。

材料一：尽道隋亡为此河，至今千里赖通波。若无水殿龙舟事，共禹论功不较多。

——皮日休《汴河怀古二首》（唐）

材料二：千里长河一旦开，亡隋波浪九天来。锦帆未落干戈起，惆怅龙舟更不回。

——胡曾《咏史诗·汴水》（唐）

问题：结合上述两首诗，如何客观地评价大运河？

这两则关于大运河的经典文献常被用于史料教学，教师常见的教学思路是

通过呈现对大运河的不同历史评价，引导学生形成客观辩证的历史认知。这种设计表面上遵循了"史料实证"核心素养培养要求，但若深入剖析，就会发现其潜藏的认知陷阱——当教师刻意筛选"利弊对立"的文献组合时，实际上已通过史料预设构筑了认知的"围城"，虽然教师在问题的设置上保持了开放性，但素材的局限性实质上导致了思维培养的"封闭"。

在传统教学模式下，尽管学生通过教师提供的文本进行认知加工，但其思维实则被预设的文本和问题所限制，进而导致两种可能的风险：其一，权威化文本选择导致批判性思维培养缺位，即便学生得出差异化结论，其思维过程仍受既定文本的隐性制约；其二，标准化教学资源呈现出静态化、同质化的特征，难以适配个性化学习需求。

（二）语料智能资料分析和呈现与人文教育的契合点

GAI 技术凭借其海量语料处理能力与深度语义解析优势，为突破传统文本教学资源中权威化、同质化困境提供了新的技术路径。海量语料处理能力是指通过 NLP 技术对大规模文本数据进行高效采集、存储、分析和挖掘的能力，如从亿万级文献中快速提取高频词汇或主题模式；深度语义则是指算法对文本含义的深层次理解，包括情感倾向、隐喻意图、逻辑关联等抽象层面的解析。二者结合，使 GAI 不仅能处理文本的"量"，还能捕捉语言背后的"质"。

这种技术特性与文科教学中人文教育的深层目标高度契合。海量语料处理能力为语文、历史、道德与法治等学科提供了强大的智能检索引擎，使教师能够突破传统备课的时空限制，如历史教师在准备"对大运河进行客观评价"的教学环节时，可快速检索不同时期、不同文学历史作品中对大运河的多元评价；道德与法治课程在设计"科技与人文"议题式教学时，人工智能可实时选取最新的科技讨论、社交媒体舆情热词，自动提炼出适配初中生认知的辩论案例库。

深度语义解析技术可在海量语料的基础上进行深度加工，还原历史对话、模拟历史场景等，创设更贴近学生的学习情境，如在学习"百家争鸣"一课时，人工智能可以扮演不同学派就同一话题进行辩论，将静态的文本研习转化为沉浸式的学习体验。通过智能资料分析，海量文本被转化为可触摸、可体验的教学资源，人工智能为传统文本类教学资源提供了新视角。

（三）语料智能资料分析和呈现与人文教育的新使命

在一个技术高歌猛进、日新月异的时代，如何在高效、理性的世界中保持同理心和好奇心，拥有充沛的情感表达和需求，是文科面临的新挑战和价值所在。人工智能的出现让人们更加认识到人文的价值，虽然人工智能可以精准分析《离骚》的修辞手法，但教师更需要引导学生体会屈原"路漫漫其修远兮"的生命追问；当人工智能可以量化柳永词中的愁绪参数时，人文教育的真谛或许在于让学生理解这种愁绪如何凝结成中华文化的集体记忆。

在文科教学中，教师使用人工智能，不仅要熟练地使用高效的检索技术，更要把技术转换为育人的工具。这是教师使用技术时需秉持的意识。以 GAI 构建的历史情境模拟课堂为例：教师若仅停留于指令式提问"列举商鞅变法的五项措施"，这不过是传统教学的数字化翻版；但当引导学生与加载大型语言模型的历史人物数字分身展开跨时空对话——"作为被车裂的改革者，此刻你如何理解'治世不一道，便国不法古'的变法宣言？"时，尝试突破自身认知边界去理解历史人物的生存境遇，这种与人工智能的互动就能够转换为真实的学习和情感体验。

GAI 在文科教学中的使命或许不是建构完美的数字拟像，而是通过技术激发学生填补认知空白的想象冲动，这或许是人工智能在文科教学中的别样价值。

二、智能资料分析与呈现促进教和学方式转变的实施策略

（一）智能资料分析与呈现促进教和学方式转变

GAI 凭借其强大的大规模文本数据处理能力与深度语义理解技术，显著拓展了教师处理资料的深度与覆盖范围，为教学创新与个性化学习路径设计提供了强有力的技术支撑，有效促进了教学方式的转变。GAI 在智能资料分析方面的优势如"智能助手"一样，促进了课前准备、课中教与学、课后评价的转

变（见表2-9）。

表2-9 传统教学模式下的资料分析和基于GAI的智能资料分析对比

阶段	环节	传统教学模式下的资料分析	基于GAI的智能资料分析
课前	资料分析方式	教师整理教材、教辅材料；检索相关文献	自动爬取全网教学资源；具备大规模文本数据处理能力与深度语义理解能力
	工作重点	经验驱动的教学设计	优化AI生成的智能教案框架
	学生预习	统一预习教材章节	接收个性化预习包（含微课+自适应测试）
	文本类型	静态文本数据	多模态数据（文本、视频、交互行为）融合分析
	技术支撑	基础办公软件	GAI与基础办公软件相结合
课中	资料分析方式	板书或PPT单向展示	实时解析师生对话与学习行为数据
	工作重点	统一教学内容传递	动态生成个性化学习路径与教学资源
	学生学习	被动接受知识	人工智能支撑的沉浸式交互学习
	文本类型	有限的过程性数据	语音、表情、手势、作业等多维度数据
	技术支撑	投影仪+电子白板	人工智能+强化学习+即时内容生成
课后	资料分析方式	人工批改作业、试卷	自动化生成学情诊断报告
	工作重点	机械、重复地批改	针对性的教学反思与改进
	学生学习	统一课后练习	自适应强化训练（错题靶向练习+变式题生成）
	文本类型	纸笔作业	基于智能错题归因与认知漏洞可视化
	技术支撑	纸笔批改及反馈	基于人工智能的认知诊断技术

（二）智能资料分析与呈现的应用场景

智能资料分析技术为一线教师的教学工作带来了切实的改变，它能够自动处理日常教学中的海量文本、作业和学情数据，将教师从繁重的资料整理中解放出来；通过智能解析教材重点和学生错题规律，自动生成分层教学目标与个性化练习方案，让备课更精准；在课堂中实时分析学生作答数据，帮助教师动态调整教学节奏；课后自动归类典型错题并生成针对性巩固资源，使作业讲评直击学生认知盲区。这些工具不是要改变教师的教学主导权，而是成为提升教学效率的智能助手，让教师得以将更多的精力用于推动教学设计创新、开展个性化辅导，从而拥有更广泛的应用场景（见表2-10）。

表 2-10　智能资料分析的应用场景

应用场景	典型工具	核心教学活动	核心教育价值
GAI 辅助文献检索与筛选	DeepSeek、豆包等	利用 GAI 工具快速检索大运河相关经典史料，智能筛选适配的文献资源	提升备课效率与资源广度，支持教师跨学科整合史料，构建多维教学视角
GAI 驱动的问题设计		对生成式的文献进行深度解析与重构，优化问题设计	模拟专家思维路径，辅助教师构建逻辑严密的教学框架，打造沉浸式的历史研习场景
GAI 赋能的史料探究性学习		指导学生运用 AI 工具分析大运河史料，进行证据链构建、观点辩驳等探究活动，生成个性化的学习报告	培养学生史料实证素养，实现以学生为主体的探究学习
GAI 建构模拟法庭		结合伦理、社会等综合议题，生成虚拟案例供分析	自动生成法律文书草稿并优化，辅助快速检索与分析条文依据，生成真实的学习情境

三、智能资料分析在文科教学中的应用案例

应用案例 7：使用 DeepSeek 检索关于大运河的经典史料

输入关键提示词：我是初中历史教师，正在进行隋朝大运河评价的教学，

帮我选取几则古人对大运河的评价，要求呈现文献来源，并以表格形式输出。

DeepSeek 经过检索后，输出内容如表 2-11 所示。

表 2-11　DeepSeek 检索关于大运河的经典史料

序号	诗人	原文引用	核心观点	文献来源
1	胡曾（唐代）	"千里长河一旦开，亡隋波浪九天来。锦帆未落干戈起，惆怅龙舟更不回。"	批判隋炀帝奢靡巡游，认为大运河开凿直接导致隋朝灭亡	《咏史诗·汴水》
2	宗元鼎（清代）	"帝业兴衰世几重？风流犹自惜遗踪。但求死看扬州月，不愿生归驾九龙。"	借隋炀帝沉迷扬州繁华，批判其享乐误国	《炀帝冢》
3	李敬方（唐代）	"汴水通淮利最多，生人为害亦相和。东南四十三州地，取尽脂膏是此河。"	辩证评价：肯定运河经济价值，同时指出其耗费民力、剥削百姓的弊端	《全唐诗·汴河直进船》
4	皮日休（唐代）	"尽道隋亡为此河，至今千里赖通波。若无水殿龙舟事，共禹论功不较多。"	反驳"运河亡隋论"，认为若无炀帝享乐，运河之功可比大禹治水	《汴河怀古二首·其二》
5	皮日休（唐代）	"北通涿郡之渔商，南运江都之转输，其为利也博哉！"	高度肯定大运河的经济功能，强调其作为国家经济命脉的长期价值	《汴河铭》（部分）

案例说明

教师在教学中选取史料时往往存在一定的预设，更多基于既有的知识结构进行选择，再加上脱离学术环境和相对繁重的教学活动，使一线教师在史料获取和学术阅读方面存在一定劣势，借助 GAI 可以拓宽教师选取史料的广度和深度。

在此案例中，人工智能的海量语料处理能力得到充分体现，结合提供的文献出处，经过进一步核实，发现 DeepSeek 提供的文献真实，极大地便利了教师对史料的获取,更为关键的是 DeepSeek 在检索时呈现了"深度思考的过程"。这种通过多步骤的逻辑推导寻找、筛选和生成答案的过程,是推理模型的工作机制,其推理过程和逻辑也是教学设计中需要遵循的逻辑。教师既可以通过智能检索将相关文本生成课程资源,也可以将人工智能的思考过程转换为教学设计的思路,实现历史文献智能检索和整合。

应用案例 8:对 DeepSeek 检索的文本进行"二次加工"

输入关键提示词:依据这些史料(见应用案例 7),帮我生成几个适合初中生的问题,要求设问有层次,重点考查学生的历史解释素养。

DeepSeek 经过深度思考后生成的问题清单如表 2-12 所示。

表 2-12　DeepSeek 基于检索史料生成的问题清单

层级	问题序号	问题内容	考查重点	设计意图
提取与归纳	1	根据胡曾、宗元鼎的诗句,他们批判隋炀帝开凿大运河的主要原因是什么?请引用诗句说明	从史料中提取直接信息,识别作者立场	训练提取基础信息的能力,明确批判视角下的核心论据
提取与归纳	2	完成表格 诗人│相同点│不同点│ (对比李敬方与皮日休的观点)	初步分析辩证视角,提炼观点论述	通过表格直观地呈现观点差异,培养对比分析的能力
分析视角	3	胡曾(唐代)和宗元鼎(清代)都批判隋炀帝,但二人生活年代相隔近千年。他们的批判角度有何不同?结合诗句推测原因	理解历史解释受时代背景、作者立场的影响	引导学生思考"后人评价历史事件的时代局限性",渗透史料实证意识
分析视角	4	皮日休的《汴河怀古》与《全唐诗·汴河直进船》对大运河的评价侧重点有何不同?为何会产生这种差异	辨析诗歌(主观抒情)与史书(客观记录)的史料性质差异	区分史料类型对历史解释的影响,强化"多源互证"思维

续表

层级	问题序号	问题内容	考查重点	设计意图
综合解释	5	有人认为"大运河功在千秋,罪在当代",你是否同意？请结合至少三则史料,从短期代价与长期影响两方面论述	辩证分析历史事件的复杂性,关联多角度史料	培养唯物史观,理解历史事件的多面性（如动机与结果、个体与时代）
综合解释	6	皮日休说"若无水殿龙舟事,共禹论功不较多"。如果隋炀帝没有滥用民力享乐,大运河是否真能与大禹治水齐名？说说你的理由	区分历史事实与假设,分析动机与客观结果的关系	训练历史假设能力,理解"历史评价需剥离主观因素"的思维方法
迁移应用	7	大运河于2014年入选世界文化遗产名录。如果请你为申遗撰写推荐语,那么你会重点强调它的哪些历史价值？结合古人评价说明	结合历史,培养家国情怀,提炼文化遗产的核心精神	增进家国情怀与历史责任感,提升"以古鉴今"的迁移能力

案例说明

海量语料处理能力是GAI在智能资料分析中的功能之一，如果教师止步于此，将人工智能的功能仅仅停留在信息检索上，则可能会错过更多人工智能的"风景"。

GAI在深度语义解析方面展现出显著优势，能够借助人工智能对原始文献进行深度加工，并运用生成式模型的问题生成（Question Generation）算法，设计出具有认知梯度的探究性问题链。从历史学科素养培养的角度审视以上题目，几组题目极具启发性，《普通高中历史课程标准》对历史解释素养水平进行了四个水平的划分，依据这个水平划分来审视几组题目，DeepSeek从"提取与归纳""分析视角""综合解释""迁移运用"四个维度生成的问题链，体现了鲜明的能力分层和递进与历史解释素养分层高度契合。

从教学设计实施角度来看，以上七个问题的设问技巧、难度设定、能力分层存在一定的瑕疵，教师不可能将其"照搬"到课堂中，但几组问题从设问的深度和准确度都值得教师进行反思和学习，这种人机协同的教研新技术，不仅能够实现教学资源的智能重组，而且可通过模拟专家型思维路径，助力教师构建沉浸式的史料研习场景。

应用案例9：学生使用人工智能评价大运河

探究性学习：使用你熟悉的人工智能软件，围绕"我看隋朝大运河"，尝试对大运河进行合理的评价，并撰写一份研究报告。

以下建议供你参考：

①观察人工智能"思考"的过程，你认为它的思考过程有什么特点。

②记录你向人工智能提问的过程，与同学对比，你们提出了哪些不同的问题，这些问题对于"答案"有什么影响；选出最好的三个问题，并概括好的问题有哪些共同特点。

③尝试利用不同的人工智能软件提问，你认为哪款人工智能软件的思考更合理，你的理由是什么。

案例说明

史料是今人和古人、教师和学生对话的重要载体，教师引导学生对史料进行研究学习是课堂中的重要环节。但在史料研习的教学组织中，教师往往只根据教学需要选择统一的史料，根据一定的历史逻辑组织史料，既没有引导学生判断史料的学习价值，也没有引导学生自主选择和组织史料。GAI 的介入，可以极大地增强师生在史料选取和组织上的自主性，从而改变传统教学模式下史料研习的教与学。

当 GAI 承担起史料检索、数据整理等基础工作后，教师便能更专注于引导学生培养问题意识、构建论证逻辑、锤炼历史解释等高阶思维，真正实现从"知识传授"向"素养培养"的转型。GAI 的介入，使"像历史学家一样思考"成为可能。

应用案例 10：借助 DeepSeek 生成模拟法庭

输入关键提示词：我是一名初中道德与法治教师，正在进行法律保护知识产权部分的学习。请你围绕知识点，帮我设计一个符合中学生认知能力的模拟法庭，要求案例真实、生动，能够体现认知冲突，需要结合相关法律条文进行说明。

DeepSeek 生成的模拟法庭内容如表 2-13 所示。

表 2-13　DeepSeek 生成的模拟法庭内容

主题 "真假文具案"：销售假冒注册商标的商品罪 （改编自武汉江岸区人民法院真实案例）
案例背景 中学生小张发现学校周边文具店售卖的"晨光"牌笔芯价格极低，购买后使用体验极差。经调查，小张发现王老板长期从非法渠道低价购入假冒"晨光""得力"商标的文具，并以正品价格销售牟利。小张向市场监管部门举报后，案件移送法院审理
认知冲突设计 1. 法律与利益的冲突 ・被告王老板辩称："我只是想让学生用上便宜文具，不知道卖假货会犯罪！" ・学生讨论："低价商品是否合理？不知情能否免除责任？" 2. 商标权与日常生活的联系 通过展示学生常用的文具、游戏、影视作品等，引导他们思考"商标权如何保护创新"
角色分配与流程 角色　　　　　　　　任务要点 审判长/审判员　　　　主持庭审，把控流程，最终宣判 公诉人　　　　　　　　指控被告销售假冒注册商标商品，展示物证（假冒笔芯等） 辩护律师　　　　　　　主张被告"不知情"，强调低价惠民意图 被告（王老板）　　　　承认售假，但辩称"不知违法" 证人（小张）　　　　　陈述购买假货经历及举报过程 法警/书记员　　　　　维持法庭秩序，记录庭审过程

课堂互动设计
1. 角色扮演后的讨论 ·提问：如果王老板真的不知道是假货，那么他是否构成犯罪？（引申为"明知"的认定标准） ·拓展：让学生列举身边可能侵犯知识产权的行为（如盗版图书、仿制校服等） 2. 检察官/法官点评 强调：保护商标权不仅能保护企业，还能保护消费者的权益和创新环境
教学资源支持
1. 法律条文 《中华人民共和国刑法》第二百一十四条规定，销售明知是假冒注册商标的商品，违法所得数额较大或者有其他严重情节的，处三年以下有期徒刑，并处或单处罚金 2. 多媒体辅助 播放正品文具与假冒文具对比视频，展示商标注册证书等

案例说明

模拟法庭作为初中道德与法治课程的重要实践载体，通过再现真实司法场景，深化学生的法治意识。然而在实际教学中，由于缺乏专业法律指导，此类活动往往异化为程序化展演：师生基于对法庭场景的想象编排"剧本"，活动演变为少数学生的台词背诵，法律条文的理解停留在表象认知层面。

借助 GAI，可以极大地提高模拟法庭的真实性和操作性。在本案例中，借助武汉市江岸区人民法院真实案例，"真假文具案"贴近学生的生活，GAI 可以检索真实的文书，把相对烦琐的文书变成通俗的对话，生动又不失真实，这样，师生的重点不再是剧本的编写，而是对真实情境的思考，"模拟法庭"的真实不在于"剧本"的真实，而在于"情境"的真实。

当模拟法庭的"法庭陈设"转向"思维现场"，"剧本台词"升华为"法律对话"时，学生不仅能具象理解《中华人民共和国民法典》等抽象条文，更重要的是，在角色代入中建立起"程序正义""证据意识"等法律概念。这种教学转型对于培养初中生的法治素养具有显著的促进作用。

第三节
智能图像生成与数据可视化技术应用

图像与数据的呈现能力直接影响学生对知识的理解与思维的建构。GAI 通过智能图像生成与数据可视化技术，突破了传统文科教学中信息传递的局限，使抽象概念具象化、静态知识动态化、思维过程可视化。本节将聚焦 GAI 在增强学习"现场感"、激发探究兴趣和深化认知结构中的独特价值，结合具体教学场景与创新案例，展示其在历史、地理等课程中的实践路径，为构建沉浸式、互动化的教学新生态提供有力支撑。

一、智能图像生成与数据可视化技术的应用价值

（一）传统教学中图像生成与数据处理的局限性

当我们在感慨"短视频偷走了人们的耐心"时，或许更值得反思的是：为何人们更愿意接受图像类信息？图像化认知作为人类与生俱来的信息处理方式，具有直观性和具象化特征。在初中教学中，图像化认知具有独特优势。初中生正处于从具体思维向抽象思维过渡的关键期，生动的图像能将抽象概念转化为可感知的具象符号，从而降低理解难度。

在文科教学中，使用图像来丰富教学资源，成为教师常见的教学策略，然而，在传统的文科教学中，图像与数据的呈现方式也存在一定的局限性。以历史教学为例，学生需理解时空变迁与事件关联，但教材中的地图、静态的图像使学生难以构建动态时空联系。例如，在讲解"丝绸之路"时，教材中的地图仅标注路线节点，学生难以感知商路变迁与地貌、政治因素的互动；在地理教学中，传统的等高线图、人口分布图等虽能呈现规律，但缺乏对地形演变、人口迁移等过程的动态模拟，这在一定程度上限制了学生空间认知能力的提升。例如，在进行"河流地貌发育"教学时，教材通常以静态剖面图展示河谷形态，

学生虽能记忆"V型谷""冲积平原"等概念,却难以理解流水侵蚀、搬运与堆积的动态机制。

在历史与地理学科教学中,培养学生的历史想象力和时空感知力是落实深度学习的重要维度。静态图像虽能传递一定的视觉信息,但要实现学生"身临其境的代入感"和"情境还原的沉浸感",还需要借助更丰富的技术手段,GAI为突破时空壁垒提供了路径。

(二)智能图像生成技术在创设"现场感"的价值

学者杨绛回忆的和史学家钱穆一起外出的往事,或许能够帮助我们理解历史、地理学科中"现场感"的价值。

> 车过了"蔚然而深秀"的琅琊山,窗外逐渐荒凉,没有山,没有水,没有树,没有庄稼,没有房屋,只是绵延起伏的大土墩子。火车走了好久,过了蚌埠,窗外景色还是不改。我叹气说:"这段路最乏味了。"宾四先生说:"此古战场也。"经他这么一说,历史给地理染上了颜色,眼前的景物顿时改观。我对绵延多少里的土墩子发生了很大的兴趣。宾四先生对我讲,哪里可以安营(忘了是高处还是低处),哪里可以冲杀。尽管战死的老百姓朽骨已枯、磷火都晒干了,我还不免油然起了吊古之情,直到泰山在望,才离开这片辽阔的"古战场"。

杨绛先生对"大土墩子"的印象,从"最乏味"到"很大兴趣"的变化,源于钱穆先生创设的"现场感"。只有借助丰富的历史细节,才能想象过去,回到历史现场,产生"吊古之情"。如何像钱穆先生那样,让"历史给地理染上了颜色",是历史和地理教师需要汲取的重要启示。

在人工智能时代,随着智能图像生成技术的成熟,越来越多的博物馆开始参与数字资源的开发。通过丰富多样的数字化展品,大众可近距离观察文物细节,如青铜器的纹饰、古籍中的文字等,从而拉近与历史的距离。同时,数字博物馆常配备讲解视频和互动功能,帮助人们理解历史背景与文化内涵。教师可结合相关资源,引导学生参观特定主题的数字展览,打破传统教学的时空限制,让历史学习更有"现场感"。

（三）数据可视化让思维过程显化

数据可视化是将抽象数字转化为图形、图表等直观形式的信息处理方式。对初中生而言，数据可视化不仅是知识传递的桥梁，更是激发学习兴趣的重要手段。

在历史教学中，数据是理解社会变迁的关键钥匙，但单纯的数字罗列往往让学生望而生畏。将人口变化、经济数据等信息转化为地图、时间轴、柱状图等可视化形式，这种"思维脚手架"不仅能帮助学生避免陷入数字迷宫，还能激发他们主动探究的兴趣，使静态的"数字"变成串联历史逻辑的"线索"。如在"中国古代经济重心南移"一课的教学中，教师可进行数据可视化的尝试，借助可视化工具，直观、动态地呈现人口的变化，借助动态地图，标注"永嘉之乱""安史之乱""靖康之变"三次人口南迁高峰的路线，直观呈现人口的流动，通过对南北赋税进行可视化的数据处理，结合《吴郡志》中"苏湖熟，天下足"的记载，经济重心转移的历史场景便跃然眼前。

二、智能图像生成与数据可视化技术的应用场景

智能图像生成与数据可视化技术通过将复杂数据转化为直观的图形、动态图表或交互界面，为教育领域提供了多维度的支持。其核心价值体现在，通过可视化工具快速呈现数据规律，帮助教师优化教学策略；通过动态交互设计激发学生兴趣，如通过虚拟场景探索历史文物或地理现象，如表 2-14 所示。

表 2-14　智能图像生成与数据可视化技术的应用场景

应用场景	典型工具	核心教学活动	核心教育价值
使用数字化博物馆资源创设历史情境	数字敦煌等数字化博物馆资源	融合数字化博物馆资源，通过游戏化体验和教学活动，引导学生通过互动体验主动探索历史，实现寓教于乐	利用数字化博物馆资源，创设历史情境；通过沉浸式体验，增强学生参与感，培养学生的时空观念
基于"720 云"VR 地理的体验式学习	"720 云"等 VR 云平台	使用 VR 平台培养学生的区域认知素养	借助 VR 技术培养初中生地理空间思维的有效性

续表

应用场景	典型工具	核心教学活动	核心教育价值
借助 GAI 进行剧本创作和表演	DeepSeek、文心一言、即梦 AI 等	借助 AI 工具，并结合跨学科学习模式，进行项目式学习	通过跨学科与 AI 辅助创作，实现人文素养与数字能力的协同发展

三、智能图像生成与数据可视化技术的应用案例

应用案例 11：数字化博物馆学习之旅

敦煌莫高窟蕴含着千年的文化瑰宝，传统的实地参观难以让学生全面深入了解。如今，借助 GAI 技术与数据可视化，数字化博物馆为学生打开了全新的学习大门。

数字敦煌网站推出了数字藏经洞专题，如图 2-4 所示，尝试把"文化遗产"与"云游戏技术"相结合，用虚拟现实技术打造游戏化场景，让中学生一看就懂、一玩就会。

图 2-4 数字藏经洞登录界面

数字藏经洞由敦煌研究院联合多家技术团队制作。制作团队运用虚拟现实技术，对莫高窟第 16、17 窟的外部原貌，以及内部石窟空间和壁画的细节实现了毫米级高精度一比一复刻，带给用户超越时空的超拟真的体验感和超写实的视觉享受，如图 2-5 所示。

图 2-5　数字藏经洞游戏化界面

数字敦煌项目中的数字藏经洞在游戏化体验中创新引入 GAI 驱动的虚拟 NPC 角色，通过历史人物复现与交互叙事，增强用户的沉浸感。用户可以从 6 个人物形象中选择一个进行扮演，"穿越"到晚唐、北宋、清末等历史时期，经历洞窟开凿、封藏万卷、重现于世、文物流散和再次聚首的过程，以类似亲身体验的方式与历史互动，如图 2-6 所示。

图 2-6　数字藏经洞体验式参观界面

案例说明

使用博物馆资源进行教学，成为当下历史教学的热点，但对一线教师而言，组织学生前往实体博物馆开展体验式学习面临多重困难：时间协调复杂、跨地域参观成本高、珍贵展品无法直接接触或近距离观察等。在博物馆中的研学容易走马观花，停留在"看热闹"上，缺少沉浸式体验。

本案例中的数字藏经洞项目通过虚拟现实技术，将敦煌莫高窟的历史场景与文物细节以毫米级精度复现，为课堂教学提供了突破时空限制的沉浸式学习环境。学生登录网站,即可"走进"藏经洞,观察洞窟内的壁画纹理、经卷摆放位置,甚至与虚拟历史人物互动,聆听敦煌学者对文献背景的解说,增强学习体验的真实感。

在游戏化体验中,学生还可以通过角色扮演,一键"穿越"到四个不同的历史时段,与晚唐高僧洪辩法师等历史人物互动,完成各种任务,沉浸式亲历藏经洞从洞窟开凿、封藏万卷到重现于世、文物流散和再次聚首的全过程。

应用案例 12:基于"720 云"平台虚拟现实的地理实践活动

"720 云"是一个基于虚拟现实全景可视化技术的全景内容创作与分享平台,其制作的 720 全景图可在水平与垂直方向进行 360°自由旋转,给使用者带来高逼真感和延伸感的三维世界沉浸式体验。

在传统的地理学习中,往往借助"等高线地形图判读"和"景观图识别"等进行学习,地理学习停留在静态的学习中,不利于学生空间思维的培养。虚拟现实技术可以高度还原真实的户外环境,学生在课堂上便能获得地理实践的替代性体验。

例如,在"黄土高原"相关内容的学习中,教师可以借助"720 云"平台场景,立体呈现黄土高原景观,让学生获得身临其境之感。将虚拟现实技术融入地理实践,打开了学生与真实世界交互的大门,大大拓展了中学地理实践的实施路径,如图 2-7 所示。

图 2-7 "720 云"平台中的"黄土高原"地形图

案例说明

在以"地貌观察"为主题的虚拟实践活动中,借助720云虚拟现实软件构建的三维实景环境,能够让学生直观地观察不同地貌类型的形态特征与形成过程。这打破了传统课堂中平面教材的局限性,增强了地理学习的直观性与趣味性。虚拟现实技术通过模拟真实地理场景,不仅提高了学生的参与度,还增强了其对复杂地理现象的综合分析能力。

应用案例 13:借助 GAI 创作舞台剧

项目式学习:借助 GAI 创作舞台剧《张骞通西域》。

(一)项目目标

①通过跨学科协作,完成一部基于历史事件的《张骞通西域》舞台剧创作。

②合理运用 GAI 工具辅助创作,同时结合历史、语文、地理、艺术等学科知识验证创作成果的合理性。

③培养团队协作、批判性思维和创造性解决问题的能力。

(二)项目分组与任务

一共四组,每组分工如下。

①编剧组:生成剧本大纲,设计人物对话与情节冲突。

②舞美组:生成舞台背景图,结合历史和地理知识设计舞台场景。

③道具组:设计符合汉代西域风貌的服饰、器物。

④音乐组:生成符合剧情氛围的背景音乐或音效。

(三)推荐 GAI 工具清单

1. 剧本生成

工具:DeepSeek、文心一言、豆包、Kimi 等。

任务示例:输入关键提示词(如"张骞拜别汉武帝"),生成初步框架。

建议：对比不同工具及其输出内容的差异，选择你认为最合适的故事梗概，并进行润色。

2. 图像生成

工具：即梦 AI、豆包、文心一格等。

任务示例：输入"汉代长安城市场景""西域沙漠商队"，生成背景图。

建议：结合地理、历史知识，评估生成的图像是否合理。

3. 音乐生成

工具：即梦 AI（免费生成短音乐）。

任务示例：输入"悲壮的西域旅途""汉代宫廷音乐"，生成配乐。

建议：音乐的风格需要和剧情相结合。

4. 辅助工具

可以使用秘塔 AI 搜索（快速获取史料）等，利用其他工具润色剧本。

（四）项目实施步骤

1. 第一阶段：历史学习与GAI初探（1~2课时）

（1）历史知识输入

观看纪录片《河西走廊》片段，阅读《史记·大宛列传》节选。

任务：列出张骞出使西域的路线、重要事件、汉代与西域的物产交流。

（2）GAI 工具初体验

各组尝试用 GAI 工具生成初始内容（如编剧组生成剧本大纲，舞美组生成背景草图）。

2. 第二阶段：跨学科验证与修正（2~3课时）

（1）编剧组

用 GAI 生成剧本片段（如"张骞被匈奴扣押的冲突场景"）。

学科验证如下。

历史：对照史料检查时间线、史实是否合理（如重要年份、路线是否有误）。

语文：分析台词是否符合人物身份（如汉武帝的诏令用语、张骞不同时期的心境等）。

优化任务：调整 GAI 生成的对话，加入"戏剧矛盾"（如张骞与匈奴首领的价值观冲突）。

（2）舞美组

用即梦 AI 等工具生成"汉代玉门关遗址 + 商队驼影"背景图。

学科验证如下。

地理：检查图中地貌是否符合西域气候（干旱、戈壁）。

艺术：调整配色风格（参考汉代壁画色调，如朱红、土黄）。

（3）道具组

用文心一言生成"汉代器具纹样""西域胡商服饰"。

学科验证如下。

历史：确认道具是否符合汉代工艺水平（如张骞携带的"节杖"形制）。

艺术：设计简易材料制作方案（如用纸板仿制汉代漆器）。

3. 第三阶段：整合彩排与反思（2~3课时）

（1）彩排试演

结合 GAI 生成的背景图、音乐和剧本进行片段表演。

（2）批判性讨论

相关的文本、图像、音乐是否符合当时的历史场景，人工智能生成的内容是否存在漏洞和缺陷。

案例说明

本项目围绕历史事件张骞通西域进行创作，通过"学科融合 +GAI 工具"进行跨学科项目式学习，案例设计聚焦三个核心目标：建立从记忆到理解的学习路径，学习的重点不再是对历史事件的记忆，而是对历史事件的体验式学习；尝试跨学科学习，地理、艺术、语文等学科知识不再是孤立存在的，而是通过舞台剧的创造予以整合；帮助学生批判性地了解和使用人工智能工具，学生只有在应用中,才能学会合理地使用工具。

在整个过程中,学生既能享受到 GAI 的便利(比如 10 分钟就能生成剧本框架、背景图),又能亲自修正 GAI 的 Bug(比如 GAI 把汉代的玉门关画成明长城)。原本觉得写剧本、做音乐很难的同学,现在用 GAI 工具起步,再把精力花在关键设计上,如设计张骞和匈奴首领的冲突戏码。这种"GAI 帮忙打基础,人来把关质量"的模式,既适合现在学生熟悉科技的特点,又能防止他们"无脑抄"GAI。对教师来说,用排舞台剧这个传统任务,加入 GAI 工具和跨学科验证,不用大改教学计划,就能使学生主动查资料、执行团队合作,发展了学生的综合素养。

4. 小结

在人工智能时代,文科教学何去何从,GAI 之于文科是朋友还是敌人,这不仅是理论上的争鸣、社交媒体上的讨论热点,更需要广大教师用行动做出回答。我们认为,GAI 赋能文科教学有诸多发挥空间。首先,智能文本生成与批改系统突破了传统教学效率瓶颈。教师可通过 GAI 快速生成背景资料、阅读提纲等教学资源,同时借助语义分析技术实现作文逻辑结构、情感表达的智能评阅,使教学反馈从结果评价转向过程指导。然后,借助自然语言处理技术能对海量文本进行快速处理,将碎片化信息转化为结构化认知。最后,智能图像生成与数据可视化技术重构了文科知识的表现形态。通过时空地图等可视化工具,抽象的人文思想得以具象呈现,复杂的历史脉络转化为可交互的认知和互动界面,显著提升了学生的空间思维与批判性思考能力。GAI 使教师能够更专注于思维引导与价值塑造,最终实现从知识传递向素养培育的跨越。

第三章 GAI赋能理科教学实践：程序化问题解决与实操模拟技术

理科教学的核心任务之一是通过推理、建模与实验操作帮助学生理解抽象概念与复杂过程。然而，在传统教学中常常面临学生理解难、实验条件有限等挑战。GAI为理科教学提供了新的技术路径，尤其在定理推演、模型构建和实操模拟方面展现出巨大潜力。本章将围绕GAI在理科教学中的应用展开，探讨其如何助力数学、物理、生物、化学等学科的教学创新。首先，分析GAI如何优化数学定理与物理规律的推导过程，提升学生的逻辑思维与解题能力；其次，深入探讨GAI在生物与化学学科中的应用，重点介绍其如何通过动态建模与过程预测加强学生的系统思维与实验理解；最后，讨论GAI如何在小学科学教学中实现虚拟实验与跨学科整合，推动教学方式的创新与优化。通过本章的学习，教师将掌握GAI赋能理科教学的关键技术与应用场景，进一步提升教学效果与学生的综合能力。

第一节 定理、定律推演与习题解决

理科教学强调严密的逻辑推演与问题解决能力，但抽象知识的讲授往往面临理解难、迁移难的挑战。GAI通过可视化演绎、语义解析与情境重构，为

课堂智变：生成式人工智能赋能学科实践

定理教学、规律学习和综合问题解决提供了新的突破口。本节将聚焦 GAI 在数学与物理教学中的应用潜力，展示其如何助力教师优化推演路径、重构学科逻辑、贴合学生认知节奏，并通过真实案例探索 GAI 在激发学生探究兴趣与提升思维品质方面的实践价值。

一、数学定理怎么教

在数学的学习过程中，难免会遇到数学定理。数学定理通常在特定条件下成立，并且可以推广到更一般的情形。数学定理的证明过程必须是逻辑严谨的，所有的推理步骤都需要清晰、准确，确保结论的正确性。传统的教学方法容易让人感到枯燥，但用 GAI 工具能让学生对定理的学习变得生动、有趣。比如展示历史故事、动态图解等，学生理解起来更直观。

应用案例 1：勾股定理教学

勾股定理是人教版《义务教育教科书·数学》八年级下册的学习内容。勾股定理是中学数学重要的定理之一，它揭示了直角三角形三边之间的数量关系。传统教法是讲证明、做练习，现在可以用 GAI 设计教学。

步骤 1：用历史故事激发兴趣。

在 2500 多年前，毕达哥拉斯有一次在朋友家做客时，发现朋友家用砖铺成的地面图案反映了直角三角形三边的某种数量关系。在教学中可以用 GAI 工具（如豆包）模拟古人对话，让学生"穿越"到 2500 年前，明白地砖图案是如何启发毕达哥拉斯发现勾股定理的。

在豆包中找到毕达哥拉斯智能体，然后输入对话内容：

毕达哥拉斯，您好！请问您是如何发现勾股定理的？您能还原发现勾股定理的过程吗？

通过毕达哥拉斯的回答，再结合图 3-1 的地砖图案，学生就会更容易理解勾股定理的内容。

在 3 世纪初，我国东汉末至三国时期的数学家赵爽在注解《周髀算经》时用赵爽弦图（见图3-2）证明了勾股定理。教师可以在豆包中调用赵爽AI角色，引导学生与他对话，了解他是如何用赵爽弦图证明勾股定理的，还可以借助一些工具（如GeoGebra、Manim、Photomath等）展示动态拼接过程，引导学生跟着古人学切割图形，理解演绎推理的逻辑结构与数形转化思想。

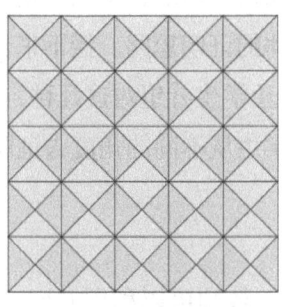
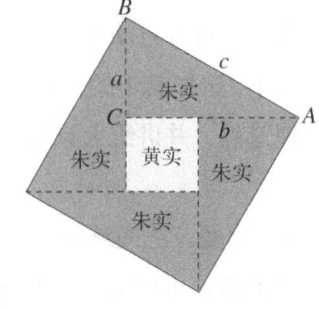

图3-1　地砖图案　　　图3-2　赵爽弦图

步骤2：用GAI找到多种证明方法。

古往今来，一直有大量的数学爱好者在研究勾股定理的证明方法，勾股定理的证明方法也越来越多。首先从经典的赵爽弦图开始。如图3-3（a）所示，其由两个边长分别为a和b的正方形组成，图形的面积为a^2+b^2。用图3-3（b）所示的方法进行拼接，形成一个边长为c的大正方形，图形的面积为c^2。根据变换前后图形的面积相等，可以得到$a^2+b^2=c^2$。赵爽弦图通过对图形的切割、拼接，巧妙地利用面积关系证明了勾股定理，是我国古代数学的骄傲。

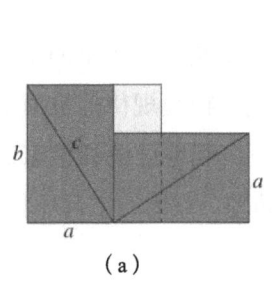
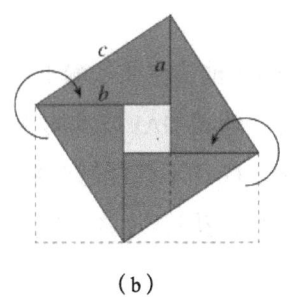
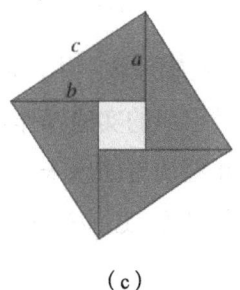

（a）　　　　　　（b）　　　　　　（c）

图3-3　赵爽弦图分割过程

证明勾股定理还有哪些方法呢？如果直接让学生回答其他证明方法，那么学生很难马上回答出来。在平时的教学中，由于受到课堂时间和难度的限制，教师很少让学生在课堂上继续探究和理解其他的证明方法。此时，可以利用GAI工具，如在GPT中提出：请给出多种证明勾股定理的方法。

它给出的证明方法除了拼图法，还有代数证明法、相似三角形法、几何构造法、三角函数法。每种方法都给出了具体的证明思路。接下来，教师可以结合学生的知识水平，选择其中的几种方法，让学生分组对这几种方法进行探究，理解其中的推理过程，并讲给大家听。让学生从不同的角度去证明和理解勾股定理。

步骤3：分层出题，巩固练习。

在知识巩固阶段，讲解完课本例题后，教师可以利用GAI工具根据需要生成练习题。例如，可以在DeepSeek中给出提示词："根据八年级数学教材中勾股定理的内容，给出6道练习题，其中，简单题有3道，中等难度题有2道，能力提升题有1道。"学生做完后，用GAI及时反馈做题情况，教师再针对薄弱点布置作业。

在本案例中，GAI工具让历史人物和内容变得鲜活起来，更好地激发了大家的学习兴趣。同时，GAI工具的便捷性让数学课堂内容变得更丰富、更充实，很好地拓展了学生的思维。

二、物理规律怎么学

在物理教学中，传统的规律推演往往依赖于教师的口头讲解、板书演示，以及学生的实验操作。然而，随着GAI技术的飞速发展，物理规律的推演范式正经历着前所未有的革新。GAI不仅能够帮助学生更直观地理解科学家的思维过程，还能智能地解构学科逻辑，为学生提供更加丰富、立体的学习体验。

（一）GAI在物理规律教学中的应用场景

以GAI在初中物理中的经典物理规律——"牛顿第一定律"（八年级物

理第八章第 1 节）的教学应用为例，具体操作如表 3-1 所示。

表 3-1　GAI 在"牛顿第一定律"探究教学中的应用场景

应用场景	具体应用案例描述	预期教学效果
理想实验构建	示例：AI 生成可调节摩擦力的 3D 斜面实验 口令："创建摩擦系数 0 → 0.5 的渐变实验，实时显示速度曲线与运动轨迹，标注惯性定律推理逻辑"	突破实验条件限制，理解从现象到理想结论的推理过程
前概念智能诊断	示例：对话式纠错系统 口令："学生输入观点'静止物体没有惯性'，生成包含足球从静止到被踢出的慢动作视频对比，触发认知冲突"	精准定位错误前概念
个性化探究任务生成	示例：分层任务设计 口令："生成三级任务，即 基础层：AR 模拟抽桌布实验； 进阶层：编程模拟太空惯性现象； 挑战层：设计惯性安全装置"	满足学生差异化学习需求
多模态概念表征	示例：惯性概念拟人化 口令："生成'惯性家族'动态漫画：质量大的物体→行动迟缓的巨人，质量小的物体→灵活的小精灵，配 AI 语音讲解惯性性质"	抽象概念具象化
动态认知评估	示例：VR 驾驶安全评估 口令："生成紧急刹车场景，记录学生选择安全带和气囊的反应时间，AI 分析惯性原理应用合理性"	实时反馈认知水平，生成个性化补救方案
跨学科迁移应用	示例：科幻场景设计 口令："生成《流浪地球》行星发动机工作原理图解，标注惯性定律在太空推进中的应用节点"	培养高阶思维能力
科学史情境还原	示例：AI 历史辩论剧场 口令："生成伽利略与亚里士多德的虚拟辩论视频，重点呈现斜面实验数据对'力维持运动'观点的反驳"	理解科学本质
异常现象分析	示例：反物理现象诊断 口令："生成一组违反惯性定律的图片（如急刹车时乘客后仰），要求学生标注错误点"	强化概念辨析能力

（二）科学家探究思维的重构

GAI在物理规律推演中的一大应用，就是科学家思维的可视化重构。以"牛顿第一定律"的推演为例，利用DeepSeek的思维和推理能力可以构建一个"思维脚手架"，帮助学生逐步深入理解这一物理规律的形成过程。

示例：利用GAI生成物理学史上科学家探究物理规律的"思维脚手架"。

GAI输入关键提示词：你是一名经验丰富的初中物理教师，请帮我详细生成物理学史上"牛顿第一定律"的探究过程中科学家的思维过程及探究过程。

DeepSeek经过检索后输出的物理学史上科学家探究"运动和力的关系"的思维过程与探究过程如表3-2所示。

表3-2　物理学史上科学家探究"运动和力的关系"的思维过程与探究过程

科学家	思维特点	核心观点	探究过程与方法	科学贡献与局限性
亚里士多德	经验观察与直觉归纳	力是维持物体运动的原因，静止是物体的自然状态	通过生活现象（如推车、踢球等）归纳：观察到物体停止运动与外力消失的关联	贡献：首次系统地讨论运动与力的关系；局限：忽视摩擦力的本质，错误归因
伽利略	理想实验与逻辑推理相结合	若摩擦力为零，那么物体将保持匀速直线运动（提出"惯性"雏形）	斜面实验：小车从同一高度下滑，观察其在不同粗糙平面上的滑行距离。推理：外推至无摩擦理想状态，提出"惯性"概念	突破：推翻亚里士多德观点，建立理想实验法；局限：未明确惯性定律的普适性
笛卡儿	哲学抽象与数学化表达	惯性运动应为匀速直线运动（包括静止），并提出动量守恒思想	对伽利略结论进行修正，用几何学描述运动，提出"运动量"守恒	贡献：完善惯性定律的数学形式，为牛顿体系奠定基础；局限：未明确外力定义
牛顿	综合归纳与体系化构建	一切物体在没有外力作用时，总保持匀速直线运动或静止状态（牛顿第一定律）	整合伽利略、笛卡儿成果。定义"力是改变运动状态的原因"；构建力学体系	里程碑：确立经典力学基础；特性：定律基于推理，无法直接进行实验验证

1. 科学探究方法总结

①理想实验法（伽利略）：通过现实实验（斜面小车）观察→逐步减少摩擦→推理理想状态。

②控制变量法：保持小车初始速度相同（同一斜面高度），对比不同摩擦条件下的运动。

③逻辑外推法：从有限实验数据（摩擦存在）推导无摩擦极限情况。

2. 教学启示

①实验设计：复现伽利略斜面实验，通过"摩擦渐减→距离渐增"现象，引导学生推理惯性规律。

②概念辨析：对比亚里士多德与牛顿观点，揭示"力与运动"关系的认知革命。

③思维训练：利用 GAI 模拟无摩擦环境，验证理想实验结论（如太空站惯性演示）。

通过表 3-2 的对比可见，"牛顿第一定律"的发现是科学家不断批判、修正与综合的过程，体现了科学探究中质疑精神与逻辑推理的核心价值。教师可结合实验与 GAI 技术，帮助学生突破前概念束缚，理解定律的深层逻辑。

（三）学科逻辑的智能解构

除了科学家思维的可视化重构，GAI 还能对学科逻辑进行智能解构，帮助学生构建更加系统、全面的知识体系。

示例：GAI 对物理规律在学科体系中的地位及学科逻辑的智能解构。

输入关键提示词：你是一名经验丰富的初中物理教师，请帮我分析初中物理八年级下册第八章第 1 节"牛顿第一定律"在整个初中物理体系中的学科地位以及学科逻辑。

GAI 经过检索后输出的初中物理"牛顿第一定律"学科逻辑分析如表 3-3 所示。

表 3-3 初中物理"牛顿第一定律"学科逻辑分析

分析维度	学科逻辑解析	具体表现与作用
知识定位	经典力学基础：构建运动与力的关系框架； 科学史转折点：从亚里士多德经验主义到伽利略，再到牛顿科学范式的转型	作为牛顿三大定律之首，奠定动力学分析基础，为后续学习惯性、力的作用效果（改变运动状态）提供理论支撑
学科价值	科学史意义：标志着物理学从现象描述转向数理建模； 方法论意义：首次系统应用理想实验法； 现实应用：解释惯性现象，指导交通安全设计	解释刹车、宇航员失重等现象，指导汽车安全带、气囊等安全装置设计
方法论逻辑	理想化思维：现实实验（斜面小车）→数据外推（摩擦渐减）→理想结论（无摩擦运动）； 控制变量法：保持初始速度相同，研究摩擦力的影响	培养科学推理能力的关键载体 为后续学习能量守恒、电磁学等抽象理论提供思维范式
概念网络	纵向关联： 前接：机械运动描述（七上）； 后启：牛顿第二定律（高中）、力与运动关系（八上）； 横向延伸：天体运动、相对论基础	修正"力是维持运动的原因"错误前概念，为理解"匀速直线运动不需要力"提供理论依据
教学价值	科学本质观：展现科学理论的相对性（亚里士多德→牛顿→爱因斯坦）； 思维进阶：直观经验→理想推理→数学建模的完整认知链条	通过伽利略理想实验培养批判性思维，为高中学习惯性参考系、非惯性系问题埋下伏笔

（四）学生认知逻辑与智能适配

在初中物理教学中，学生的认知逻辑是教学设计的核心考量。传统的教学方法往往难以准确捕捉学生的前概念，也难以提供个性化的学习路径。而 GAI 技术的融入，为这一难题提供了全新的解决方案。

示例：GAI 对学生学习物理规律的认知逻辑及教学策略。

输入关键提示词：你是一名经验丰富的初中物理教师，请帮我分析初中八年级学生学习初中物理八年级下册第八章第 1 节"牛顿第一定律"的认知逻辑及教学干预策略。

豆包经过检索后输出的初中物理"牛顿第一定律"学生认知逻辑分析如表 3-4 所示。

表 3-4 初中物理"牛顿第一定律"学生认知逻辑分析

认知阶段	学生认知逻辑特征	典型问题/误区	教学干预策略
阶段 1：前概念激活	基于生活经验（如物体停止运动需要外力）；直觉认同亚里士多德"力维持运动"的观点	"足球停下是因为没有力了"；"静止的物体没有惯性"	展示矛盾现象（如冰壶运动）；使用 AI 生成"无摩擦环境"模拟视频引发认知冲突
阶段 2：实验观察	关注可见现象（小车最终停止）；易将结果归因于"力耗尽"而非阻力作用	"小车滑得远是因为惯性大"，混淆质量与速度对惯性的影响	用 PhET 实时显示阻力值；设计对比实验（不同质量、初速度）
阶段 3：理想化推理	难以跨越从现实到理想的思维跳跃；对外推法存在怀疑	"绝对光滑不存在，结论没意义"，认为伽利略实验是"空想"	用 AI 生成渐近式摩擦消除动画；结合太空站视频验证理想状态
阶段 4：概念建构	惯性概念抽象难理解；易将惯性误解为一种力	"惯性力推动物体运动"；"速度越大，惯性越大"	制作拟人化 AI 漫画（惯性≠力）；设计惯性测量台模拟实验（质量是唯一变量）
阶段 5：定律表述	文字表述与数学表达脱节；对"除非受到外力作用"条件句理解困难	遗漏"没有外力"这一条件，误将匀速直线与静止视为不同状态	用流程图分解定律条件句；生成违反定律的动画案例供辨析
阶段 6：迁移应用	难以区分现象中的惯性表现与力的作用；安全应用场景中忽视质量因素	解释刹车现象时混淆惯性作用与摩擦力作用；设计安全带时只考虑速度，忽略了质量	开发 AR 交通事故分析工具；用 AI 模拟不同质量物体的碰撞后果

（五）物理学史的情境化再现

物理学作为一门历史悠久、逻辑严谨的自然科学，将物理学史融入初中物理教学，不仅能够让学生领略到物理学的魅力，还能够培养他们的科学思维和探究精神。GAI 技术可以为物理学史的情境化再现提供全新的可能。

GAI 可以把教材中亚里士多德、伽利略、笛卡儿的图片复活并生成的虚拟辩论视频。通过这样的辩论场景，学生不仅能够深入了解物理学史上的科学争论和辩论过程，还能培养批判性思维和辩论能力。他们能够学会如何运用实验数据和科学知识来支持自己的观点，掌握如何与他人进行有效沟通和交流的技巧。这些能力对于他们未来的学习和生活都将产生积极的影响。物理学史的情境化再现技术通过历史语境模拟引擎和科学争论的重演机制，让学生身临其境地体验物理学史上的关键时刻和伟大人物的思考过程。这种教学方式不仅能够激发学生的学习兴趣和探究精神，还能够培养他们的科学思维和批判性思维能力。相信在未来的物理教学中，物理学史的情境化再现技术将发挥越来越重要的作用，为理科实践教学注入新的活力。

（六）物理规律在教学过程中的应用案例

1. 生成教案

输入提示词："假设你是 20 年教龄的初中物理教师，需要设计"牛顿第一定律"的课堂导入环节（3 分钟）。要求结合学生日常的经验（如急刹车时身体前倾），设计一个互动性生活实验，并引导学生观察现象后提出猜想。"

DeepSeek 经过检索后输出的"牛顿第一定律"课堂导入环节设计如图 3-4 所示。

> **"牛顿第一定律"课堂导入环节设计**
>
> **实验名称：** 惯性小车实验
>
> **实验材料：**
> - 小车（可用玩具车或自制小车）
> - 光滑的桌面或木板
> - 书本或木块（用于改变桌面粗糙程度）
>
> **实验步骤：**
>
> 1. 引入话题：
>   - 教师提问："同学们，你们有没有坐过汽车？当汽车突然刹车时，我们的身体会发生什么现象？"
>   - 学生回答："身体会向前倾。"
>
> 2. 进行实验：
>   - 教师将小车放在光滑的桌面上，用力推动小车，让小车快速前进。
>   - 突然用手挡住小车，使小车突然停止。
>   - 引导学生观察小车上放置的物体（如小木块）在小车突然停止时的运动情况。
>
> 3. 观察现象：
>   - 提问学生："当小车突然停止时，小车上放置的物体会发生什么现象？"
>   - 学生回答："物体会继续向前运动，可能会从小车上掉下来。"
>
> 4. 提出猜想：
>   - 教师提问："为什么物体会继续向前运动呢？是不是因为物体受到了某种力的作用？"
>   - 引导学生讨论并提出猜想："可能是因为物体具有惯性，想要保持原来的运动状态。"
>
> 5. 引出牛顿第一定律：
>   - 教师总结学生的猜想，并引出牛顿第一定律："同学们猜得很有道理。今天我们就来学习牛顿第一定律，它告诉我们物体在不受外力作用时，会保持原来的运动状态不变。这就是惯性现象。"

图 3-4 "牛顿第一定律"课堂导入环节设计

2. 设计跨学科教学任务

输入提示词："假设你是 20 年教龄的初中物理教师，请设计一个融合物理（力学）与体育的探究实验任务，分析短跑运动员起跑时的惯性现象，并解释'牛顿第一定律'在其中的应用，需包含实验步骤、小组分工和课后延伸问题。"

DeepSeek 经过检索后输出的"牛顿第一定律"跨学科实践设计如图 3-5 所示。

初中物理与体育融合探究实验设计：短跑起跑中的惯性现象与牛顿第一定律应用

一、实验目标

1. 通过观察短跑起跑动作，理解惯性现象在体育运动中的表现。
2. 结合牛顿第一定律，分析起跑时运动员身体状态变化与外力作用的关系。
3. 培养跨学科思维能力和实验协作能力。

二、实验器材

- 卷尺（测量起跑距离）
- 秒表（记录起跑反应时间）
- 手机/摄像机（慢动作拍摄起跑动作）
- 标志物（标记起跑线、终点线）
- 实验记录表（附后）

三、实验步骤与分工

步骤1：观察起跑动作（15分钟）

- **任务**：观察短跑运动员起跑时身体姿态变化，记录起跑瞬间动作特征。
- **分工**：
  - 组员A：用摄像机拍摄起跑过程（需开启慢动作模式）。
  - 组员B：记录运动员双脚蹬离起跑器的时间和身体前倾角度。
  - 组员C：测量起跑器到第一步落点的距离。
- **关键问题**：运动员静止时身体为何需要前倾？蹬离起跑器时身体如何克服静止状态？

步骤2：数据分析与定律关联（20分钟）

- **任务**：结合牛顿第一定律分析实验数据。
- **分工**：
  - 组员A：通过视频慢放分析身体重心变化。
  - 组员B：计算从静止到起跑第一秒的加速度（公式：$a = \frac{2s}{t^2}$）。
  - 组员C：绘制"静止→启动"阶段受力示意图。
- **核心讨论**：运动员静止时具有惯性，为何需要起跑器提供外力改变运动状态？

步骤3：对比实验（15分钟）

- **任务**：对比两种不同起跑姿势（直立式 vs 蹲踞式）的启动效果。
- **分工**：
  - 全组合作测量两种姿势下前3步的步长和耗时。

图3-5 "牛顿第一定律"跨学科实践设计

> ○ 分析哪种姿势更符合"减小惯性影响，提高加速度"的物理原理。
>
> **四、牛顿第一定律应用解析**
>
> 1. **静止状态惯性**：运动员预备时身体保持静止，需通过前倾改变重心位置，利用重力与起跑器反作用力克服惯性。
> 2. **外力作用**：蹬离起跑器的力作为外部作用力，打破静止平衡状态（定律：物体保持静止直到外力迫使其改变）。
> 3. **持续运动**：起跑后若不再蹬地，地面摩擦力将逐渐使运动员减速（与理想匀速状态的对比）。
>
> **五、课后延伸问题**
>
> 1. **物理迁移**：如果短跑在光滑冰面上进行，起跑效果会如何变化？为什么？
> 2. **生物力学**：不同体型（如身高、体重）运动员的惯性表现是否有差异？如何科学设计起跑姿势？
> 3. **技术创新**：现代起跑器角度调节如何运用"力的分解"原理优化起跑效率？
> 4. **拓展实验**：设计实验验证跑鞋鞋钉数量与地面摩擦力的关系。

图 3-5 "牛顿第一定律"跨学科实践设计（续）

3. 设计课堂分层作业

输入提示词：你是一位资深的初中物理教师，请针对"牛顿第一定律"的知识点，生成 3 组练习题：基础题（惯性现象解释）、进阶题（结合生活实例分析惯性现象）、提升题（设计实验验证"牛顿第一定律"）。附答案与解析，以及易错点提示。

DeepSeek 经过检索后输出的"牛顿第一定律"课堂分层作业设计如图 3-6 所示。

三、综合问题怎么解

在教学中，当学生遇到有难度的问题时，教师怎样才能让他们更好地理解和掌握呢？GAI 工具不仅能够自动处理复杂的数学问题，还能够提供多种解题思路和方法，帮助大家从不同角度理解问题、拓宽思维。

> ## "牛顿第一定律"分层练习题
>
> ### 一、基础题（惯性现象解释）
>
> **题目1**
> 当公交车突然急刹车时，乘客会向前倾倒。请用牛顿第一定律解释这一现象。
> **答案与解析**
> - **答案**：乘客与公交车原本以相同速度向前运动。急刹车时，公交车因外力（摩擦力）迅速减速，而乘客由于惯性会保持原来的运动状态，导致身体向前倾倒。
> - **易错点**：错误表述为"乘客受到惯性力作用"。纠正：惯性是物体的固有属性，不是力。
>
> **题目2**
> 拍打被子可以除去灰尘，请说明其物理原理。
> **答案与解析**
> - **答案**：被子和灰尘原本一起静止。当拍打被子时，被子受力运动，而灰尘由于惯性保持静止状态，从而脱离被子。
> - **易错点**：误认为"灰尘被拍打的力弹走"，忽略惯性保持静止状态的关键点。
>
> ### 二、进阶题（结合生活实例分析惯性）
>
> **题目1**
> 铅球运动员在投掷前需要助跑，但铅球离开手后仍能继续飞行。请结合牛顿第一定律分析：
> ① 为何需要助跑？
> ② 铅球最终为何会落地？
> **答案与解析**
> - **答案**：
>   ① 助跑使铅球获得初速度，利用惯性保持运动状态，从而增加投掷距离；
>   ② 铅球离开手后，惯性使其继续运动，但受重力（向下）和空气阻力（与运动方向相反）作用，运动状态改变，最终落地。
> - **易错点**：混淆"惯性维持运动"与"外力改变运动"的关系，需明确惯性是保持状态，外力是改变状态的原因。
>
> **题目2**
> 现代汽车配备安全带，请从惯性的角度解释安全带的作用。
> **答案与解析**
> - **答案**：汽车突然减速时，乘客因惯性会保持原有运动状态向前冲。安全带通过拉力提供外力，改变乘客的运动状态，防止碰撞受伤。
> - **易错点**：误认为"安全带减小了惯性"，实际是"通过外力对抗惯性效应"。

图 3-6 "牛顿第一定律"课堂分层作业设计

> 三、提升题（设计实验验证牛顿第一定律）
>
> **题目**
>
> 请设计一个小实验，验证"物体在不受外力时将保持匀速直线运动或静止"。
>
> **答案与解析**
>
> - 实验设计：
>   1. 器材：斜面、木板、毛巾、小车、刻度尺。
>   2. 步骤：
>   ① 将毛巾铺在木板上，让小车从斜面同一高度滑下，记录滑行距离；
>   ② 去掉毛巾，重复实验；
>   ③ 进一步用更光滑的材料（如玻璃）替换木板，观察滑行距离变化。
>   3. 结论：接触面越光滑，小车滑行越远。推理：若接触面绝对光滑（无摩擦阻力），小车将永远运动下去。
> - 易错点：
>   ① 未控制变量（如斜面高度不同）；
>   ② 未理解"理想实验"的推理逻辑，需强调"实验+外推"的科学方法。
>
> **四、综合易错点提示**
>
> 1. 惯性表述错误：惯性是物体属性，不能说"受到惯性"或"惯性力"。
> 2. 混淆状态与原因：惯性是保持原有状态的原因，运动状态改变必须由外力解释。
> 3. 实验设计疏漏：未控制变量、忽略理想化推理的必要性。

图 3-6　"牛顿第一定律"课堂分层作业设计（续）

应用案例 2：密码中的数学

人教版《义务教育教科书·数学》七年级上册第三章代数式"数学活动"中的《活动 2　密码中的数学》是让学生了解凯撒密码的原理，并尝试自己设置密文。对于凯撒密码，学生常常觉得抽象且不熟悉。这时可以用 GAI 工具辅助教学。

步骤 1：实战破译密文。

把密文"L dp d vwxghqw."破译成明文。

上面与字母有关的密文使用了凯撒密码。凯撒密码得名于古罗马的凯撒大帝，他曾使用这种密码来传递军事信息。其核心原理是通过对字母表中的每个字母进行固定位数的移位来实现加密和解密。

如果已知密文"L dp d vwxghqw."的密钥是"x-3"，那么把密文中的每个字母向前移动3位，便得到原文。L变成I，d变成a，p变成m，依次类推，得到原文是"I am a student."。

在不知道密文的密钥时，如何破译？当我们不知道密钥，但又需要破解密文时，可以用穷举法。以"L dp d vwxghqw."为例，L有可能是除它以外的其他25个字母，所以一共有25种可能，将其全部列出来。在运用穷举法时，可以结合字母出现的频率、单词的意思等进行排除。

> 小提示：不同的GAI工具对同一个问题的解答过程会有所不同。

在DeepSeek中提问：请破解密文"L dp d vwxghqw."，DeepSeek会显示深度思考过程。它首先考虑常见的加密方法，比如凯撒密码、替换密码、维吉尼亚密码等。然后，它从比较基础的凯撒密码入手，把字母转换成它在字母表中的位置，并尝试不同的移位来解密。在移位的过程中，要确保这些字母解密后的单词有意义。最后得到这个密文使用了凯撒密码，位移是3。解密后的明文为"I am a student."。

在通义千问中提问：请破解密文"L dp d vwxghqw."时，它给出的破解过程如下：

步骤①：观察密文。推测这是一个完整的句子，根据凯撒密码，每个字母都被偏移。

步骤②：尝试破解。用穷举法将密文中的每个字母依次向左移动1到25位，看哪个结果有意义；或者用频率分析法，根据高频字母推测移位方式。

步骤③：找到正确的密钥。当密钥是3时，解密后得到"I am a student."。

同一个问题，用不同的GAI工具的解答过程有所不同。与学生一起分析它们的过程，会给我们解决问题带来启发。DeepSeek会根据提出的问题，展示深度思考的过程。这个过程很好地展现了它破解密文的思路。在通义千问中，它会详细给出解决问题的步骤，推理过程非常有条理。

步骤2：动手设计密码。

凯撒密码的加密方式除了x-3，还有很多其他方式，例如，可以将字母a,b,c,…,z依次对应自然数1,2,…,26。当密文中的数x为奇数时，明文对应的

序号为 $x+1$；当密文中的数 x 为偶数时，明文对应的序号为 $\frac{x}{2}$。学生可以自创加密规则（如奇数 +1，偶数 ÷2），自己写密文或者用 GAI 生成密文。小组交换密文进行解密，当遇到小组无法解密的密文时，用 GAI 辅助解决，体验"密码攻防战"。

步骤 3：课后拓展。

学生查资料了解摩斯密码、栅栏密码等，用 GAI 工具尝试加密和解密，感受数学在生活中的应用。

通过这堂活动课，学生能够理解代数式在密码中的应用。在课堂中，通过展示用 GAI 解决问题的过程，可以激发学生的兴趣，让学生更清晰地知道解密的过程。

应用案例 3：一次函数与二元一次方程

函数和方程是刻画现实问题中数量关系的重要模型，探究它们之间的关系显得非常重要。但是函数和方程是比较抽象的，利用 GAI 工具的画图、拟合等功能，可以让方程的"数"与函数的"形"结合，使学生可以更直观地理解它们之间的关系。《一次函数与二元一次方程》是人教版初中数学八年级下册第十九章"一次函数"第 6 课时的内容，可以借助 Desmos 工具开展教学。

步骤 1：求二元一次方程 $2x+y=4$ 的解。让学生写出五个整数解。

例如：$\begin{cases} x=-1 \\ y=6 \end{cases}$，$\begin{cases} x=0 \\ y=4 \end{cases}$，$\begin{cases} x=1 \\ y=2 \end{cases}$，$\begin{cases} x=2 \\ y=0 \end{cases}$，$\begin{cases} x=3 \\ y=-2 \end{cases}$。

步骤 2：把上述解输入 Desmos 的表格中，可以得到如图 3-7 所示的图形。

拟合的结果是 $y_1=-2x_1+4$。在这个过程中，让学生比较直观地经历由二元一次方程得到一次函数的过程。上面的过程从寻找二元一次方程 $2x+y=4$ 的解出发，它有无数组解。写出其中五组，也可以是更多的组，并用 Desmos 对 x 与 y 进行拟合。这样可以得到拟合的函数图像以及解析式 $y=-2x+4$。通过这个过程让学生体会：如果用函数的观点看二元一次方程，那么以二元一次方程的解为坐标的点集就是一次函数的图像。

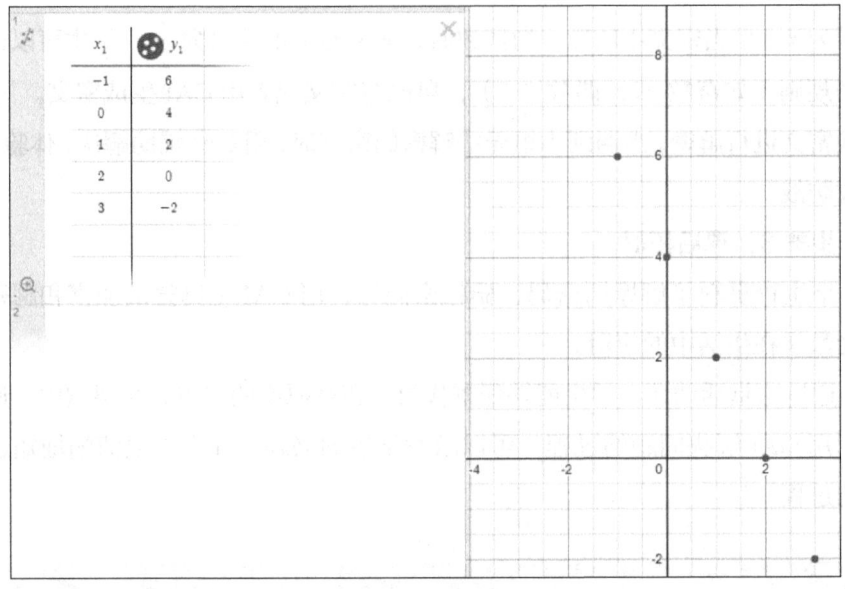

图 3-7 绘制点

步骤 3：用一次函数对图 3-7 中的点进行拟合。输入 $y_1 \sim kx_1+b$，得到的结果如图 3-8 所示。

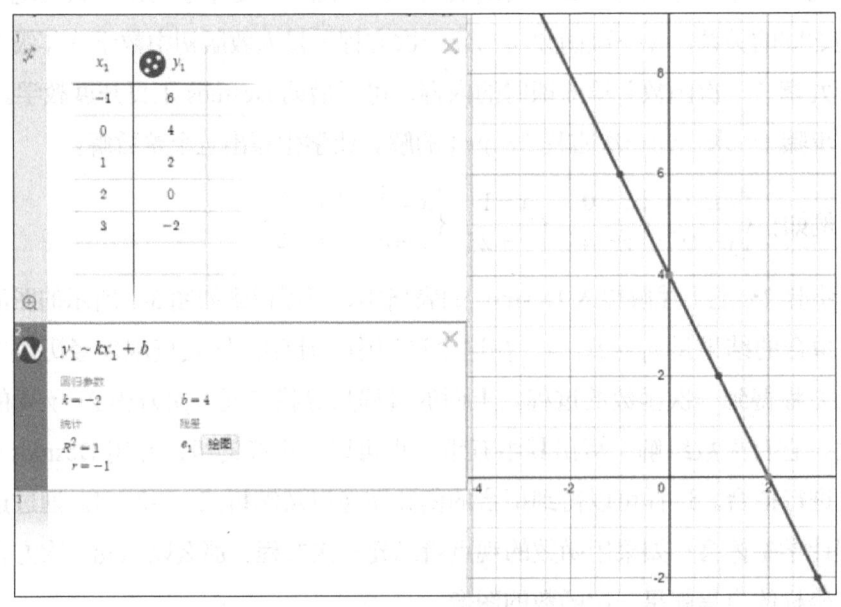

图 3-8 拟合函数

步骤4：用加减消元法求二元一次方程组 $\begin{cases} 2x+y=4 \\ 2x-y=0 \end{cases}$ 的解，可以得到该方程组的解为 $\begin{cases} x=1 \\ y=2 \end{cases}$。

步骤5：在Desmos中绘制一次函数 $y=-2x$、$y=2x$ 的图像，并标注出交点，得到的结果如图3-9所示。

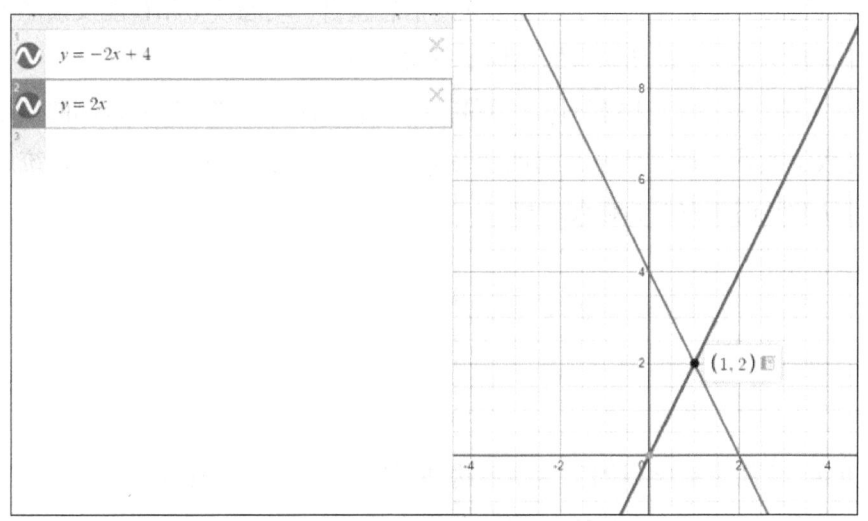

图3-9 标注的交点

步骤4和步骤5首先从求二元一次方程组 $\begin{cases} 2x+y=4 \\ 2x-y=0 \end{cases}$ 的解出发，求得解为 $\begin{cases} x=1 \\ y=2 \end{cases}$。然后用Desmos输入 $y=-2x+4$ 和 $y=2x$ 函数，并画出它们的函数图像，得到交点坐标为（1,2）。这个过程让学生明白用函数的观点看二元一次方程组时，二元一次方程组的解就是相应的两个一次函数图像（两条直线）的交点坐标。

在这个案例中，借助Desmos实现了方程的解与函数图像中点的坐标之间的转化。让学生体会用函数观点理解二元一次方程时需要把方程的解 (x, y) 看作一对变量 x 和 y，要把解 (x, y) 看作函数图像中点的坐标。在这个过程中，学生可以更直观、更深刻地感受数形结合思想。

第二节
学科模型构建与过程预测

模型构建与过程预测是生物与化学教学的核心任务,也是理解复杂系统与微观机制的关键途径。GAI 通过强大的信息整合、动态模拟和智能反馈能力,为理科教学提供了前所未有的建构工具与认知架构。

本节将重点关注生物与化学学科,探讨学科模型构建与过程预测的应用场景与教学实践,通过典型案例展示 GAI 在提升学生理解深度、培养系统思维与推动教学创新方面的强大潜能。

一、GAI 赋能生物学科模型构建与过程预测的应用场景

(一)核心应用工具

GAI 赋能生物学科的工具体系构建思路将围绕三类核心工具展开(见表3-5),形成一套覆盖教学全场景的智能化解决方案。

表3-5 GAI 赋能生物学科的工具体系的构建思路

类别	工具名称	主要功能	适用场景	优势或局限性
认识构建工具	DeepSeek、文心一言	生物学文本生成、知识图谱构建	复杂概念解析、知识可视化	中文化出色,但需复核内容准确性
	ChatGPT	生成学术摘要、拓展阅读材料	课程补充阅读、概念讲解	流畅,但需对专业术语进一步优化
	通义千问	结构化教材生成、实验设计拓展	课程框架搭建、资源整合	在生物学科专精度上仍待提升
	LabXchange	交互式实验、模拟生物学过程	细胞分裂、酶促反应	资源丰富,但缺乏动态调整功能

续表

类别	工具名称	主要功能	适用场景	优势或局限性
实验模拟工具	PhET 互动仿真程序	生态系统建模、能量流动模拟	食物链构建、物种交互模拟	部分高级实验简化
	清华学堂在线虚拟实验	生物学实验仿真、数据可视化	生理实验、生态实验	适合国内课程，但实验种类少
	华中师范大学 VR 生物实验室	3D 细胞结构解析、基因编辑实验	细胞培养、分子生物学	视觉化强，但硬件适配要求较高
智能反馈工具	科大讯飞 AI 评测	学生实验报告分析、智能评分	写报告、数据分析	结合 NLP 技术，但部分报告需人工复核
	学科 AI 批改助手（智慧眼）	自动批改作业、错题分析、学习过程追踪	习题、实验报告、反馈个性化学习报告生成	适用于常规测试，但对开放性问题的理解仍有限

（二）典型案例分析

在 GAI 赋能生物教学的过程中，智能技术的应用不仅仅停留在理论层面，更需要通过具体的教学案例来展现其实践价值。下面将结合实际教学情境，对具体的教学示例进行分析，确保示例的可操作性和借鉴价值。

📜 应用案例 4：GAI 赋能神经冲动动态模拟实验教学

1. 教学背景

在人教版高中生物学选择性必修一"神经冲动的产生和传导"（实验：动作电位的形成机制）中，需模拟神经冲动的产生过程，直观展示离子通道动态。

在传统教学中，对教师而言，动作电位的产生机制（Na^+/K^+ 跨膜运输、阈值概念）依赖抽象示意图，学生难以观察离子流动的动态过程。对学生而言，难以理解："静息电位为什么是 -70mV？""为什么刺激必须达到阈值才能引发动作电位？"

2. 实践路径

（1）工具选择

PhET 官方模拟器：使用 PhET 神经模拟实验，可完全匹配教材知识点。

操作界面：仅需 3 个交互按钮（刺激强度、持续时间、离子通道开关），支持实时显示膜电位变化曲线，如图 3-10 所示。

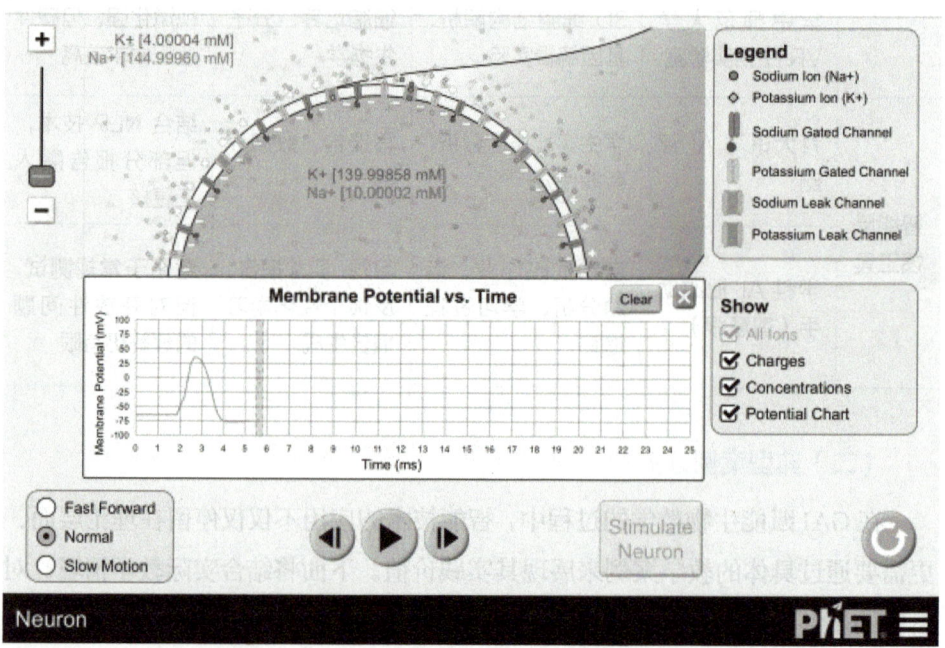

图 3-10　神经冲动形成的动作电位模拟实验界面

（2）课堂实施（见表 3-6）

表 3-6　课堂具体操作步骤

步骤	教师指令	学生操作	PhET 模拟器反馈
1	设置刺激强度为 10mV	拖动强度滑块	膜电位从 −70mV 升至 −65mV 后回落（未达阈值）
2	将强度增至 30mV（阈值）	调整滑块位置	触发动作电位（快速升至 +35mV 后复极化）

续表

步骤	教师指令	学生操作	PhET 模拟器反馈
3	点击"显示离子流动"	开启通道可视化	红色表示 Na^+ 内流,蓝色表示 K^+ 外流
4	延长刺激时间至 5ms	调整持续时间	引发连续动作电位
5	截图提交实验报告	按 Ctrl+S 组合键保存曲线图	自动生成数据表格

(3)补充 GAI 辅助教学(DeepSeek、文心一言)

实时回答学生输入的问题:"为什么 Na^+ 内流比 K^+ 外流快?"

DeepSeek 调用教材知识库回答:"电压门控 Na^+ 通道激活速度比 K^+ 通道快 3~4 倍,导致快速去极化。"

(4)一线教师操作具体流程(见图 3-11)

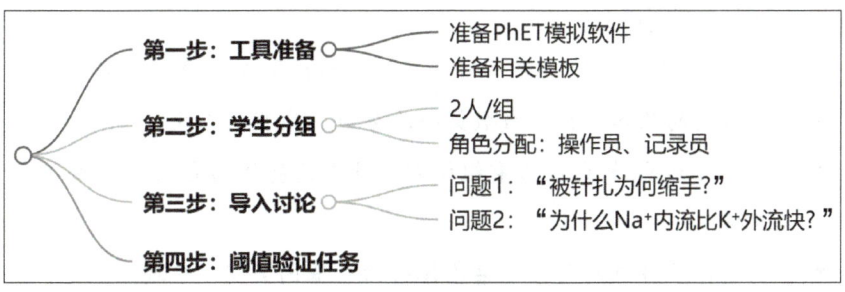

图 3-11 具体操作流程图

3. 使用GAI赋能后的优势

(1)动态可视化

通过 PhET 模拟器和 GAI 工具,使抽象的离子通道动态过程可视化,有助于学生直观地理解动作电位的形成机制。

(2)个性化学习支持

通过 DeepSeek 等工具,学生可随时提问并获得及时解答,满足个性化的学习需求。

应用案例 5：GAI 赋能生物学大概念教学形成知识网络

1. 教学背景

生物学大概念教学以学科本质规律为核心，能够帮助学生整合零散知识点记忆，构建完整的知识网络。然而，当前教学仍面临着显著瓶颈，就是教材内容按课时切割导致知识碎片化，学生的认知往往仅涉及概念复述，缺乏"解释机制""预测影响"等高阶思维训练。

GAI 赋能生物学大概念教学可突破瓶颈：将静态知识转化为交互系统；智能整合跨章节的知识网络，揭示核心概念的深层关联；思维进阶构建阶梯式问题链，驱动从记忆、理解到应用的思维跃迁。

2. 实践路径

（1）课前准备

①利用 GAI 快速生成大概念图，在 GAI 工具（如 DeepSeek、ChatGPT、通义千问）中输入下列指令：

> 帮我整理"减数分裂形成不同配子"这节课的概念，分三个部分：
> - 减数分裂的基本过程（减数第一次分裂、减数第二次分裂）。
> - 形成配子过程中基因的重组机制（同源染色体的分离、自由组合、交叉互换）。
> - 影响遗传多样性的因素（染色体行为、基因突变、环境影响）。

②GAI 自动生成 Mermaid 代码，教师复制后粘贴到 Mermaid 在线编辑器，即可快速生成知识结构图（见图 3-12）。

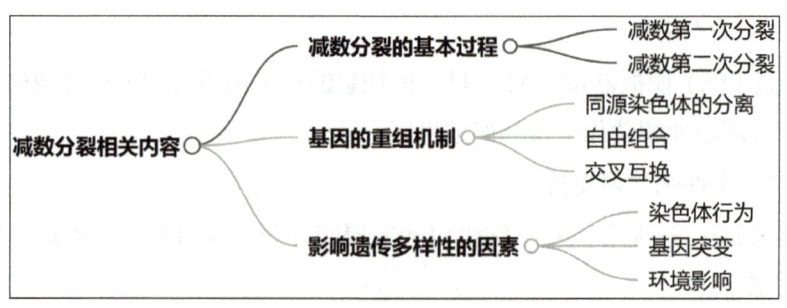

图 3-12　减数分裂知识结构图

（2）课堂实操

利用知识图谱进行互动教学，引导学生从静态知识点记忆转向动态结构化理解。

教师可导出思维导图并插入课件中，让学生用白板笔在上面填写关键提示词。整个过程从输入指令到生成课件，用不了 10 分钟，比原来手写板书节省了大半节课，并且还能把"抽象概念知识"转为"动态的演示过程"，如学生在电子白板上拖动染色体来填充不同时期的细胞分裂图，从而深刻理解"配子多样性"的关键概念（见图 3-13）。

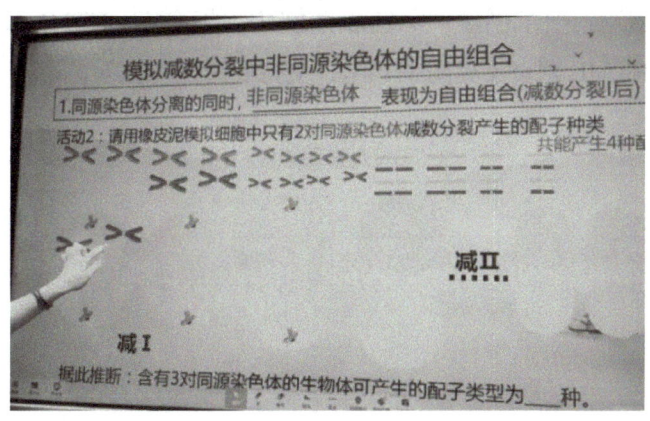

图 3-13　白板交互式拖动填充图

3. 使用 GAI 赋能后的优势

通过"输入指令—生成图谱—教学转化"三步走，教师可在 10 分钟内完成传统需 2 小时备课量的结构化教学设计，帮助学生形成知识地图，避免知识割裂，同时，借助交互任务驱动深度学习。

应用案例 6：GAI 赋能生物学科实施微观动态过程实时诊断教学

1. 教学背景

本例以人教版高中生物学选择性必修二中的"基因指导蛋白质的合成"为

例，利用 GAI 技术构建基因表达过程（转录与翻译）的微观动态机制。通过 DeepSeek 生成可拆解、可交互的基因表达动态模型，实时捕捉学生学习的盲区，形成"操作—反馈—修正"的闭环学习路径。这一设计将中心法则等抽象概念转化为可视、可验证的探究任务，为突破教学难点提供了可复制的解决方案。

2. 实践路径

（1）教师行为

①课前准备：在 DeepSeek 工具中输入指令"生成'基因指导蛋白质的合成'动态交互模型"。要求创建一个包含动态图片的可交互 HTML 页面；导出保存为可交互 HTML 网页（见图 3-14），支持实时操作记录。

图 3-14　基因转录和翻译的可交互 HTML 页面

②课堂实操：提前准备网页和调试设备，讲解实验规则和任务目标。

（2）学生行为

①分组：两名学生为一组，在电脑前准备操作。其他学生可以轮流上场，或分成多个小组同时进行比赛。

②操作规则（见图 3-15）：单击相应按钮，选择 mRNA 的碱基序列，按照"T→A，A→U，G→C，C→G"的原则进行匹配。每次输入正确的碱基后，RNA 聚合酶向右移动，显示下一位碱基。最先完成序列匹配的同学获胜，屏幕显示"同学 X 获胜！"。

图 3-15　学生参与的可交互 PK 活动

3. 使用GAI赋能后的优势

（1）实时模拟 RNA 转录与翻译

通过动态可视化模型，学生可观察 mRNA 生成和氨基酸形成肽键的全过程。

（2）即时学习诊断

系统自动捕捉学生的操作数据，记录 tRNA 错误匹配及核糖体移动中的认知误差，实时提供纠正建议。

应用案例 7：GAI 赋能生物学教学新机遇——知识大爆炸时代促进学生创新性思维与工程学思维落地

1. 教学背景

在 GAI 时代，我们正经历着知识大爆炸的新阶段，信息的获取方式发生了根本性变化。在传统的生物学科学习中，学生虽然能够提出创造性的问题，但由于知识储备不足、信息获取受限或设备的限制，他们的创新思维往往难以真正落实，因此问题的解决停留在设想阶段，无法付诸实践。GAI 作为一种突破信息壁垒的强大工具，为学生赋予了快速获取精准知识、构建模型和优化方案的能力（见图 3-16），使他们从问题提出者成长为问题解决者。

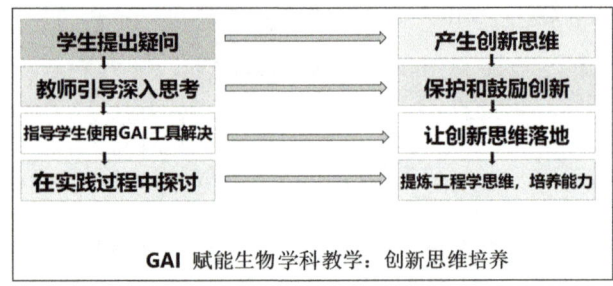

图 3-16 GAI 赋能学生创新思维培养实施路径

2. 实践路径

（1）教学方案

本例基于高中生物选修一中的"模拟生物体维持 pH 的稳定"实验。在教学实践中，教师带领学生通过 GAI 赋能设计自动化测量与滴定系统（见表 3-7），培养学生的工程学思维，并实现创新落地。

表 3-7 GAI 赋能设计自动化测量与滴定系统实验教学方案

教学环节	学生提出的核心问题	教师引导与 GAI 赋能方式	最终成果
学生提出问题	测量 pH 值需要人工比色，误差较大。是否有更精准的方法	引导学生拆解问题，思考测量 pH 值精度受哪些因素影响	学生意识到测量 pH 值的多种方式，并选择最合适的传感器

第三章　GAI 赋能理科教学实践：程序化问题解决与实操模拟技术

续表

教学环节	学生提出的核心问题	教师引导与 GAI 赋能方式	最终成果
学生提出问题	手动滴定烦琐，难以精准控制酸碱的加入量，能否实现自动化	让学生思考自动控制滴定的可行性，并启发他们从工业或医学示例中找答案	学生了解自动滴定技术，发现工业或医学领域的可借鉴方案
	在实验过程中，pH 值变化不稳定，如何实时监测并调节	启发学生思考传感器实时监测的原理，并引导学生查找不同监测方式的优劣	找到合适的 pH 值实时监测方案，并对比其优缺点
	不同缓冲液对 pH 值变化的影响是否可量化	鼓励学生探索缓冲液的数学模型，思考是否可用大数据分析优化	结合数据分析与实验，探索缓冲液调节的数学模型
教师引导学生思考	如何精准测定 pH 值？我们能找到哪些更先进的设备	建议使用 DeepSeek 或 ChatGPT，输入"最精准的 pH 值传感器有哪些？"	确定课题研究方向，搜集关键技术资料
	自动滴定如何实现？工业或医学领域有没有类似技术可借鉴	优化提示词，如"自动滴定装置的工业应用示例"，让 GAI 提供更有针对性的方案	获得针对性的设备推荐，提升搜索和筛选信息的能力
	如何实现实时数据记录？是否有智能系统可辅助监测	引导学生查找智能传感器与 IoT 数据采集技术的结合应用	找到适用于实验的智能传感器与 IoT 监测系统
	缓冲溶液的调节是否可以建模预测？是否能用数据分析优化	使用 Python 进行缓冲液 pH 预测建模，让学生探索数据分析的作用	构建数据模型，预测缓冲液的 pH 值变化，优化实验设计
学生利用 GAI 获得帮助	使用 DeepSeek、ChatGPT 查找：最先进的 pH 传感器、工业或医学自动滴定技术	学生使用 AI 工具搜索，整理信息并对比不同传感器的特点	生成实验装置设计方案，优化实验装置的结构与功能
GAI 设计实验装置	用 AutoCAD 和 BioRender 设计实验装置，优化结构，生成 3D 模型	使用 GAI 设计工具生成实验装置的可行性建模图	实验装置搭建成功，实现自动化测定和滴定

续表

教学环节	学生提出的核心问题	教师引导与 GAI 赋能方式	最终成果
3D 打印+设备搭建	结合 Arduino+3D 打印搭建实验装置，并进行自动控制测试	使用 3D 打印 + 微控制器（如 Arduino），实现实验装置的实际搭建	完成优化，并撰写实验改造成果报告，展示优化前后的对比数据
优化反思	调整 pH 传感器和滴定系统，优化控制精度，撰写研究报告	根据实验数据优化 pH 传感器校准、滴定速度控制，最终形成实验报告	培养学生的工程学思维，使其具备从问题发现到技术实现的完整能力

（2）部分学生探究的成果展示

①利用 GAI 设计的实验装置如图 3-17 所示，包括 pH 传感器，可实时监测溶液的 pH 值变化；自动滴定系统，可精准加入酸（HCl）或碱（NaOH）；微控制器（如 Arduino），可处理数据并调整滴定；显示屏，可实时显示 pH 值和滴定状态。

②利用 GAI 生成的 3D 打印模型如图 3-18 所示，可引导学生构建工程学思维。

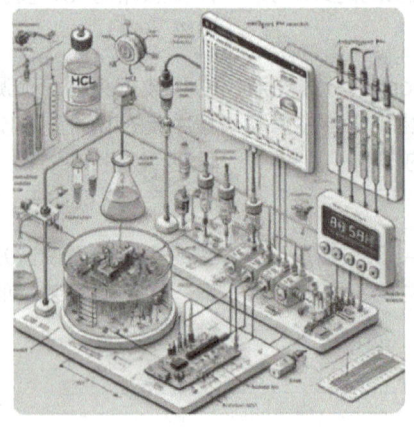

图 3-17 利用 GAI 设计的实验装置

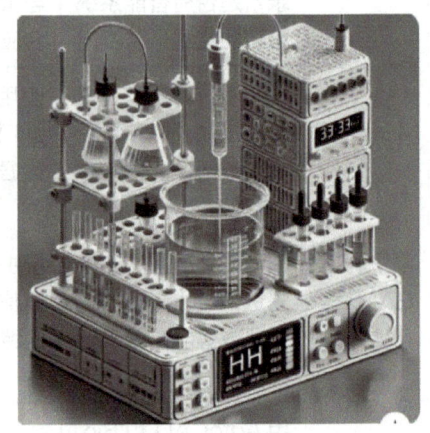

图 3-18 利用 GAI 生成的 3D 打印模型

3. 使用GAI赋能后的优势

对一线教学实践者而言，该案例的最大价值并不在于最终的实验装置改造成果，而在于学生在探索过程中所获得的能力提升。

学生不再满足于现有的实验方法，而是主动思考如何改进和优化。这种批判性思维的培养是科学教育的重要目标。从传统的文献搜索到利用GAI工具查询知识，学生拓宽了信息获取的途径，学会了如何高效利用工具解决问题。通过调整搜索关键提示词和优化问题设计，学生能够更高效地找到解决方案。这种思维的优化能力，将对他们未来的学习和工作产生深远影响。从设计原型到3D打印，再到实际实验调试，学生完成了从理论到实践的跨越。这种实践能力的培养是工程化思维的重要组成部分。

GAI赋能生物学科教学的真正意义在于帮助学生构建系统性的探究能力。这种能力不仅包括跨学科知识的整合，还涵盖创新思维、工程化思维以及信息素养的综合提升。这种能力的培养，不仅能够帮助学生更好地应对当前的学习挑战，还能为他们未来适应快速变化的科技社会奠定坚实基础。

通过GAI赋能的生物学科教学不仅让学生掌握了知识，还让他们学会了如何学习、如何思考、如何创新。而这正是未来教育的核心使命。

二、GAI赋能化学学科模型构建

（一）高效应用场景

传统的化学实验教学常受制于实验设备的有限性、安全隐患、时间成本等因素，使得部分关键实验难以在课堂教学中顺利实施。

GAI赋能的教学模式能够突破传统实验教学的限制，为学生提供更加丰富的学习体验。下面将从虚拟实验与模拟、智能诊断与反馈、真实问题情境创设和跨学科任务设计四个方面（见表3-8），结合具体示例分析GAI如何有效提升化学教学质量，并推动学生实现深度学习。

表 3-8　GAI 赋能化学学科模型构建的高效应用场景

应用场景	技术支持	示例描述	教育价值
虚拟实验与模拟	GAI 支持的虚拟实验室	GPT-Lab 系统利用 GPT-4 分析 500 篇文献，筛选 18 种试剂制备高精度湿度传感器；学生通过虚拟实验完成"金属腐蚀速率"探究	培养科学探究能力与实验设计能力
智能诊断与反馈	AI 诊断工具（如 EduMind）	根据学生错题数据生成定制化练习，针对性地弥补学困生的化学知识漏洞	实现个性化学习路径与及时反馈机制
真实问题情境创设	GAI 生成生活化探究任务	在"空气污染治理"项目中，模拟 SO_2 催化转化过程，提出纳米 TiO_2 光催化剂方案	连接学科知识与现实问题，提升问题解决能力
跨学科任务设计	GAI 驱动的多学科整合平台	在"碳中和"主题中，学生结合化学（CO_2 捕获）、生物（藻类固碳）和工程学设计低碳校园方案	培养跨学科思维与系统性解决方案设计能力

GAI 赋能的化学学科应用场景为教学提供了智能化、个性化和高效的方案，但在实践中仍需反思与优化。

首先，科学性与合理性是核心。尽管 GAI 能自动化模拟实验与分析数据，但教师仍需甄别其生成信息，确保内容科学合理，避免误导学生。其次，技术与教学目标的匹配性需充分考量。GAI 的引入应服务于教学目标，而非单纯追求技术创新。教师需明确教学重点，使技术真正助力知识建构与深度学习，而非成为冗余工具。此外，互动性与学生主体性的平衡是关键。虽然智能技术能提供个性化的学习路径并实时反馈，但若学生过度依赖 GAI 解答，则可能削弱其自主思考与探究能力。GAI 在化学学科中的应用应以"引导"而非"取代"为原则，促进学生批判性思维与科学探究能力的发展。

(二)典型案例分析

📜 应用案例 8：GAI 赋能高危化学实验教学新路径

下面以"金属镁在空气中的燃烧反应"为例，介绍如何利用虚拟实验室实现"零风险探究"与"数据深挖"。

1. 教学背景

在传统教学中，金属镁的燃烧实验因涉及高温、强光和潜在爆炸风险，教师不得不严格限制学生的操作步骤，导致学生自主探究空间被压缩；同时，燃烧反应转瞬即逝，学生难以捕捉氧气浓度变化、生成物质量动态等关键细节，现象观察流于表面。此外，实验器材易因错误操作（如误用烧杯代替坩埚）破裂，频繁的耗材损耗推高了教学成本，使高危实验的开展陷入"不敢放手、不便深究"的困境。

学生在实验过程中面临三重挑战：对明火与爆炸的潜在风险存在畏惧心理，操作时易因紧张分心，难以专注地观察燃烧现象；仅凭肉眼观察无法直观感知氧气浓度变化与反应速率的关联性，对氧化镁生成的微观反应的本质理解模糊；同时，受限于传统的实验条件，学生无法横向对比不同环境（纯氧/空气）或金属材料（镁、铝、铁）的燃烧差异，导致探究停留在表层，思维拓展空间受限。

2. 实践路径

虚拟实验室赋能教学新思路的实操如下。

（1）教师的课堂指引

教师在课堂中主要起引导作用，他们通过创设情境、技术引导和分层任务设计，帮助学生在虚拟实验室中安全高效地进行实验（见图 3-19），并引导学生更好地进行数据分析。

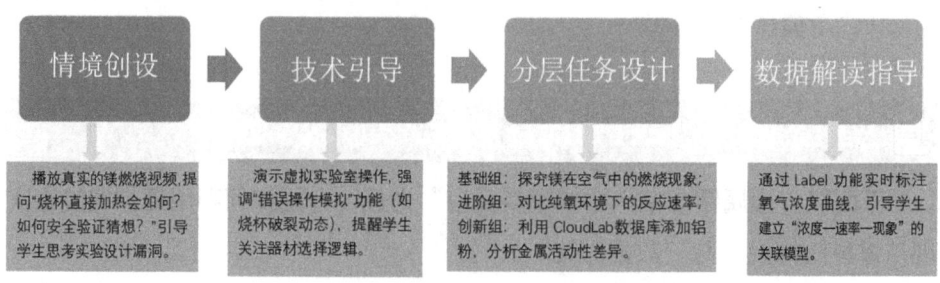

图 3-19　虚拟实验室赋能教学新思路的实操

（2）学生操作

安全试错：在虚拟环境中尝试错误操作（如使用烧杯），观察破裂现象并总结耐高温器材的选择依据，记录实验结果，分析不同器材对实验安全性的影响。

动态实验操作（见图 3-20）：将镁粉加入坩埚中，设置为空气环境，记录亮光强度和氧气浓度下降曲线，关闭"爆炸开关"，模拟密闭容器内的反应情况，分析不同条件下的风险差异。

使用 GAI 工具（如 DeepSeek 等）进行数据分析，绘制图表，展示数据变化趋势，并利用 Python 工具进一步深入分析实验数据，挖掘潜在规律和关联性，撰写报告。

3. 使用GAI赋能后的优势

①学生可在无风险条件下操作，避免传统实验中的安全隐患。虚拟实验室支持动态数据监测。

②学生通过 Label 功能实时记录关键参数，分析变量对实验现象的影响。这种互动式学习不仅提升了学生的数据分析能力，还加深了他们对化学原理的理解。它体现了学生的主体地位，鼓励其主动参与实验设计与数据分析，从而提高了他们综合运用 GAI 技术解决实际问题的能力。

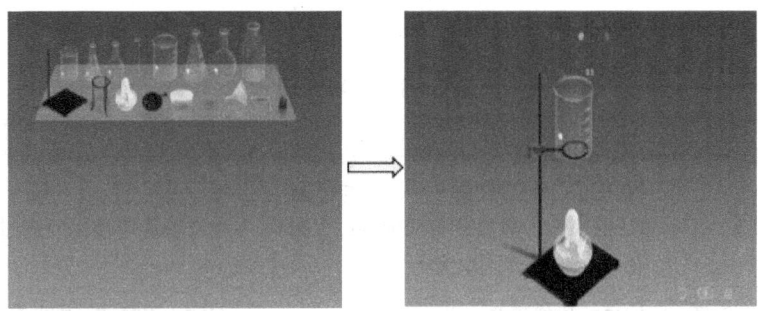
①学生搭建实验操作设备,这里可以选择烧杯,也可以选择陶瓷坩埚,以示范烧杯破裂情景。

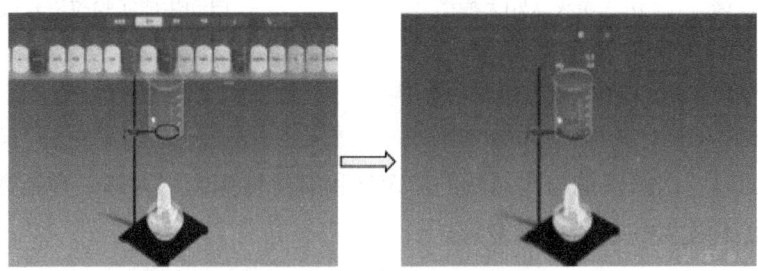
②在化学物质处的固体中找到镁粉(Mg)并拖动它,将其倒入烧杯中,同时选择大气中的基本空气,才能看见爆炸现象。

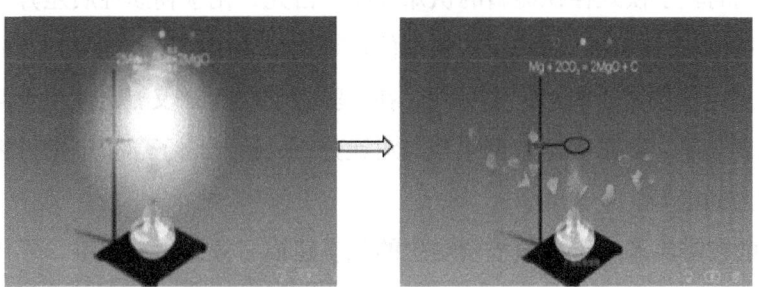
③将酒精灯点火,会发现出现了强烈的反应,同时伴随着大量的亮光发出。

图3-20　虚拟实验室赋能镁粉燃烧反应的操作

③虚拟实验室为教师提供了高效的工具,支持快速准备实验素材、设计分层任务,并实时监控学生的学习进度与反馈。

4. 可使用的GAI工具（见表3-9）

表3-9 GAI工具

功能	工具	作用说明
虚拟实验	NOBOOK化学模块、NB化学实验、CHEMIST虚拟化学实验室、烧杯化学实验室、化学大师	中文界面可视化反应过程
动态数据生成	Excel控件模板	温度/浓度调节即时生成曲线
智能建模	百度AI Studio教育版	拖曳式生成速率方程
个性化反馈	讯飞星火认知大模型	自动生成实验改进建议

应用案例9：GAI驱动化学教学创新

下面以"次氯酸钠与次氯酸的稳定性和氧化性探究"为例，介绍数字化建模的具象化实践与高阶思维发展。

1. 教学背景

传统的教学模式存在显著的认知障碍：首先，化学物质性质差异的抽象性导致理解困难；其次，微观反应机理的可视化缺失阻碍了深度学习，分子层面的转化规律仅停留于机械记忆层面。在实验教学层面，仅能定性呈现两者氧化性的强弱关系，缺乏定量数据采集与对比分析，这制约了学生证据推理与科学探究能力的培养。

当前教学体系尚未有效培育学生的化学建模与数据驱动思维，学生难以自主构建不同环境参数下的反应预测模型，也无法通过变量控制实验验证理论假设。传统课堂难以为学生提供多维度数据（如氧化还原电位随pH值变化曲线、分解速率定量监测）的生成与分析工具，导致学生难以建立"条件—性质—应用"的逻辑链条。更为关键的是，缺乏GAI技术支持下的模拟推演平台，学生无法实现复杂环境参数的智能调节与反应结果的动态预测，从而阻碍了他们通过数字化建模来理解化学本质规律的能力发展。

2. 实践路径

（1）教师行为：引导学生使用GAI进行微观可视化建模（见图3-21）

本例的核心目标是引导学生使用 GAI 工具自主探究"次氯酸钠与次氯酸的稳定性和氧化性",让学生能够构建数字化模型、优化实验设计、分析数据趋势,并通过 GAI 预测实验结果。教师的角色不再是单向讲解,而是课堂流程的设计者、GAI 工具的引导者、科学探究的促进者。

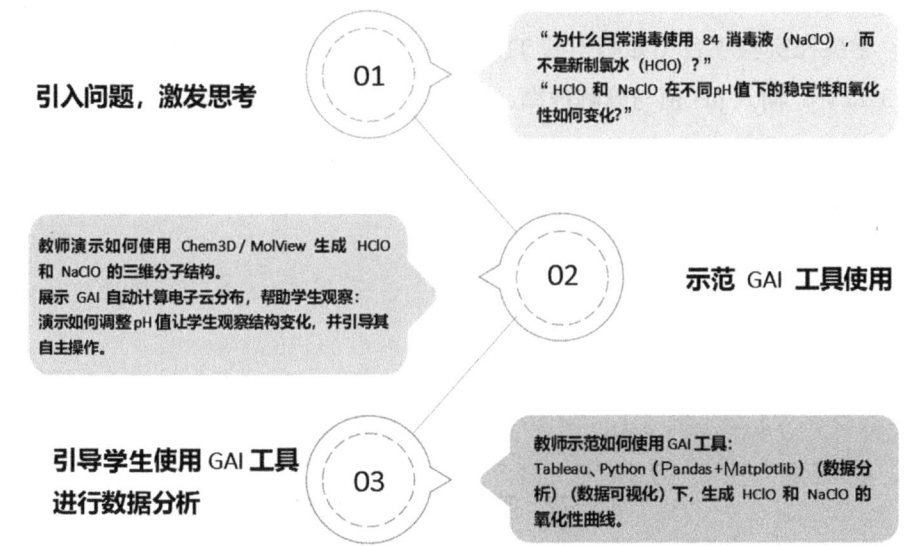

图 3-21　引导学生使用 GAI 进行微观可视化建模

(2)学生的行为:基于 GAI 建模与实验探究,尝试探索数字化学习路径

①使用 GAI 生成化学转化路径,优化消毒剂制备方案

学生在 GAI 工具中(如华为云 ModelArts)输入化学反应关键提示词:"氯气转化为 HClO 和 NaClO",GAI 工具就会自动生成不同 pH 值条件下的化学反应路径,具体如下:

酸性环境:$Cl_2+H_2O \rightarrow HClO+HCl$;碱性环境:$Cl_2+2NaOH \rightarrow NaClO+NaCl+H_2O$。

②使用 GAI 工具预测最优消毒剂使用方案,培养工程思维。医院消毒(高效杀菌):推荐 HClO 配方(氧化性强,但稳定性差,需现配现用);家庭消毒(稳定性优先):推荐 NaClO 配方(可长期存储,适用于日常环境)。

③教师引导学生分析 GAI 推荐的制备方法,探讨工业可行性。如果目标是及时杀菌,那么 HClO 是更好的选择(但稳定性差);如果目标是长期储存,

那么NaClO是更优方案（但氧化性适中），不能盲目依赖GAI，要保持思考力，真正成为学习的主体和能动者，而不是被动接受GAI提供的结果。

④学生使用百度EasyDL、腾讯云TI平台自动生成实验报告，使用Tableau、Python（Pandas+Matplotlib）等工具赋能科学推理，提升证据分析能力。

（3）操作流程

学生在实验平台（如腾讯云TI平台）上传实验数据，生成趋势曲线（见图3-22），输入pH值与分解速率，以及氧化还原电位（ORP）。

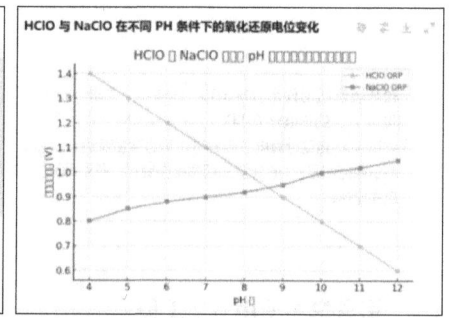

图3-22　实验平台生成趋势曲线

学生基于GAI生成的实验报告，进行证据推理：为什么NaClO适合长期存储？为什么在使用NaClO进行高效消毒时，可以加入弱酸（如醋酸）？如何根据数据优化消毒剂配方？

3. GAI赋能后的优势

通过GAI赋能高中化学"次氯酸钠与次氯酸的稳定性和氧化性"的教学，学生在建模、数据分析、实验优化的过程中，深入理解化学产品的转化机制，培养数据驱动决策、工程优化应用、化学探究能力，从而实现从知识传递到核心素养生成的跃迁，为未来智能化化学教学提供创新范式。

在教育数字化、智能化转型的新时代，GAI为化学教学带来了全新的变革机遇。通过GAI赋能，化学教学能够突破传统教学模式的局限，实现从"知识讲授"到"核心素养培养"的转变。GAI不仅能够生成基于真实问题情境的学习任务，激发学生的探究兴趣，还能通过虚拟实验、智能诊断和个性化学习路径等功能，帮助学生深入理解化学概念，提升科学探究能力和问题解决能力。同时，GAI 也为教师提供了智能备课、数据驱动教学等支持，帮助教师从"经验型教学"向"数据驱动型教学"转型，成为真正的学科专家和学习促进者。

第三节 智能实操模拟与本质分析

在小学科学教学中，传统的实验与探究活动面临着安全、资源和实践操作方面的局限。GAI 通过虚拟实验室、沉浸式模拟和个性化学习路径的创新应用，为学生提供了更具互动性且安全的学习体验。本节将探讨 GAI 如何通过情境化学习、自适应机制和数据驱动的教学优化，突破现有教学瓶颈，提升学生的探索兴趣和实践能力。通过具体的案例分析（见图 3-23），如虚拟实验室安全教学、天文观测模拟及跨学科生态系统构建，展示 GAI 在提升科学教育质量与效率方面的应用潜力。

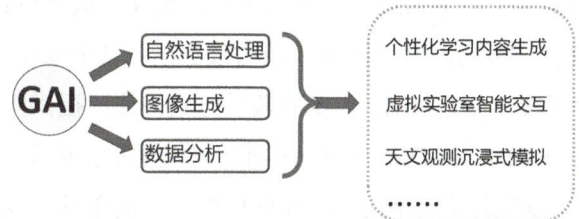

图 3-23　GAI 在小学科学教学中的应用

一、小学科学教学现状与挑战

（一）教学现状

小学科学教育旨在培养学生的科学素养，通过观察、探究和实验等手段帮助学生建立科学思维和科学方法。然而，在实际教学中，小学科学教育仍面临诸多挑战。例如，实验条件有限，许多实验难以在真实环境中进行；教学资源匮乏，适合小学生使用的科学教材和教具相对不足；教学方法单一，难以激发学生的学习兴趣和主动性。

（二）挑战分析

针对上述现状，GAI 为小学科学教学提供了有效的解决方案。例如，通过虚拟实验室和天文观测模拟实践等手段，GAI 能够突破传统教学的限制，为学生提供更加丰富、直观的学习体验。

二、GAI 赋能小学科学教学的技术路径

在小学科学教学中，GAI 以其强大的数据处理和生成能力，为教学内容和教学方式的创新提供了无限可能。下面将详细阐述 GAI 如何通过个性化学习内容生成、虚拟实验室智能交互和天文观测沉浸式模拟三条技术路径，赋能小学科学教学。

（一）个性化学习内容生成

GAI 能够根据学生的学习进度和能力水平，动态生成符合其需求的实验步骤、观测任务或教学材料。这一技术路径的核心在于其个性化的定制能力。

以"电路的连接"实验为例，传统的教学方式往往只提供固定的实验方案，难以满足不同学生的学习需求。而 GAI 则可以根据学生的掌握情况，智能生成不同难度的实验方案。对于初学者，GAI 可能提供简单的串联电路实验方案，如"点亮小灯泡"即可；而对于有一定基础的学生，GAI 则可能生成串联与并联的对比实验方案，甚至实时调整实验复杂度，让学生解决"点亮圣诞树"的复杂电路问题，以挑战学生的能力极限。

向 DeepSeek 提问："请设计一份'电路的连接'实验方案，学习对象是小学四年级学生，需要符合四年级学生的认知规律"。DeepSeek 给出的学生

实验记录单如表 3-10 所示。

表 3-10 "电路的连接"实验记录单

实验步骤	实验现象	我的发现
连接简单电路	小灯泡＿＿＿＿（亮/不亮）	要让小灯泡亮起来，必须＿＿＿＿＿＿＿＿＿＿
连接带开关的电路	开关闭合时，小灯泡＿＿＿＿（亮/不亮）；开关断开时，小灯泡＿＿＿＿（亮/不亮）	开关可以＿＿＿＿＿＿＿＿＿＿＿＿＿

向 DeepSeek 提问："请设计一份'串联与并联'实验方案，学习对象是初中三年级学生"。DeepSeek 给出的学生实验记录单如表 3-11 所示。

表 3-11 "串联与并联"实验记录单

电路类型	测量位置	电流 /A	电压 /V	实验结论
串联电路	电源两端			
	灯泡 L_1 两端			
	灯泡 L_2 两端			
并联电路	干路			
	支路 L_1			
	支路 L_2			

这一技术路径的技术支撑主要来自 DeepSeek 的自然语言生成能力，以及知识图谱对教学内容的结构化处理。DeepSeek 模型能够理解和生成自然语言，使得 GAI 能够根据学生的反馈和表现，智能调整教学内容和难度。而知识图谱则将科学知识以结构化的形式呈现，为 GAI 提供了丰富的教学资源库，使其能够更准确地生成符合学生需求的教学内容。

（二）虚拟实验室智能交互

虚拟实验室是 GAI 在小学科学教学中的另一重要应用场景。教师可以利用 GAI 和 VR 技术构建虚拟实验室环境。在虚拟实验室中，学生可以进行物理、化学和生物实验的模拟操作。GAI 会根据学生的学习进度和能力，提供个性化的实验指导和反馈。学生通过交互方式在虚拟实验室中进行实验，GAI 实时提供反馈和指导，帮助学生纠正错误，深入理解实验原理。

在涉及电学知识的课堂中，学生可以使用 PhET Interactive Simulations 中的电路模拟软件，自由连接电池、灯泡、开关和电阻等元器件，观察不同连接方式下电路的状态。例如，学生可以观察到串联电路中电流处处相等、总电阻等于各电阻之和等现象。在涉及化学知识的课堂中，学生可以使用虚拟实验室进行化学实验的模拟操作。例如，学生可以模拟酸碱中和反应，观察反应过程中的颜色变化和温度变化等现象。

可以使用的 GAI 工具如下。

① PhET Interactive Simulations：涵盖物理、化学、生物等学科的实验模拟软件。

② Google Earth：结合 GAI 技术进行数据处理和呈现，可用于地理和天文观测教学。

利用这些工具，即可实现"利用虚拟实验室进行物理、化学和生物实验的模拟操作"，以及"GAI 实时提供反馈和指导，帮助学生纠正错误，深入理解实验原理"。

（三）天文观测沉浸式模拟

天文观测是小学科学教学中的一个重要内容，但由于时空条件的限制，学生往往难以进行真实的天文观测，增加了现场课堂教学的难度。GAI 结合 VR 技术，为学生提供了沉浸式的天文观测模拟体验，解决了因时空限制而无法进行的天文观测教学问题。

在粤教科技版（粤教版）小学五年级《科学》下册第四单元"地球运动与宇宙"中，对小学天体多维空间思维要求比较高。教师需要借助高科技的智能手段来辅助教学，帮助学生形成空间思维这一抽象的高阶思维。GAI 可以构建动态的天文场景，如日食、行星运行轨迹等。学生戴上 VR 头盔，就可以以第一视角探索宇宙，仿佛置身于浩瀚的星空。GAI 生成的行星表面地形图、恒星生命周期动画等，帮助学生直观理解抽象的天文概念。如图3-24所示，360°展示了VR全景影像，包括星空、太空、星球、宇宙、银河系和太阳系等方面的内容。

图3-24　360°展示VR全景影像

这种沉浸式模拟不仅增强了学生的学习体验，还激发了他们对天文科学的兴趣和好奇心。通过亲身体验和观察，学生能够更深入地理解天文现象和原理，为未来的科学探索打下坚实的基础。

GAI通过个性化学习内容生成、虚拟实验室智能交互以及天文观测沉浸式模拟三条技术路径，为小学科学教学带来了革命性的变革。这些技术路径不仅提高了教学的针对性和有效性，还激发了学生的学习兴趣和探索精神，为培养未来的科学人才奠定了坚实的基础。

三、实操模拟的本质特征分析

在小学科学教学中，GAI的实操模拟通过其独特的情境化、互动性，以及自适应学习机制等本质特征，为学生提供了更加丰富、生动且个性化的学习体验。下面将详细分析GAI实操模拟的情境化与互动性、自适应学习机制以及数据驱动的教学优化三大本质特征。

（一）情境化与互动性

GAI 通过叙事化设计，将科学知识点巧妙地融入故事情节之中，从而构建出具有高度情境化的学习环境。这种设计不仅激发了学生的学习兴趣，还使他们在探索故事情节的过程中自然而然地掌握了科学知识。

以"太空探险任务"为例，GAI 可以构建一个虚拟的太空环境，学生将扮演宇航员的角色，通过完成一系列的任务来探索宇宙的奥秘。在这个过程中，学生需要观测虚拟天文台的数据，推断行星的位置，并做出相应的决策。AI 会根据学生的操作实时给出反馈，引导他们深入探究。这种情境化的学习方式不仅增强了学习的趣味性，还培养了学生的科学探究能力和问题解决能力。

笔者利用文心一言生成的"太空探险任务"示例如下。

太空探险任务

一、任务背景设定

在 2050 年，地球科学家发现了一系列神秘的宇宙信号，这些信号似乎指向了银河系的某个未知区域。为了揭开这些信号背后的秘密，国际航天局决定派遣一支由优秀学生宇航员组成的探险队，驾驶最先进的太空船"探索者号"前往目标区域，进行为期一个月的太空探险任务。

二、学生角色分配

学生将被分为不同的小组，每组扮演不同的宇航员角色，负责不同的任务。

导航组：负责规划太空船的航行路线，监测宇宙环境中的潜在危险。

科学组：负责收集和分析科学数据，研究目标星球的地质、大气和生物特征。

工程组：负责维护太空船的设备，确保探险任务的顺利进行。

三、任务流程设计

（1）训练阶段

学生将接受为期一周的太空训练，学习如何使用虚拟太空船和观测设备。通过 GAI 技术，学生可以体验真实的太空环境，了解太空船的操作流程和安全规范。

（2）探险阶段

学生将出发前往目标区域，进行为期一个月的太空探险。在探险过程中，学生需要观测虚拟天文台的数据，推断行星的位置，并做出相应的决策。GAI将根据学生的操作，实时生成反馈，引导他们逐步深入探究。

（3）总结阶段

探险任务结束后，学生将返回地球，对收集到的科学数据进行分析和总结。通过GAI技术，学生可以制作探险任务的报告和展示，分享他们的发现和成果。

四、虚拟天文台的数据观测与行星位置推断

（1）数据观测

GAI将提供虚拟天文台的数据，包括星球的位置、大小、温度、大气成分等信息。学生需要使用观测设备（如望远镜和光谱仪）来收集和分析这些数据。

（2）行星位置推断

基于观测到的数据，学生需要使用科学知识和推理能力，推断出行星的位置和运动轨迹。GAI将根据学生的推断，提供实时反馈，帮助他们纠正错误，深入理解行星的运动规律。

五、实时反馈机制

（1）操作反馈

GAI将根据学生的操作，提供实时反馈，包括正确的答案、解释和建议。例如，如果学生在导航过程中偏离了预定路线，那么AI将立即发出警告，并提供修正建议。

（2）学习进度跟踪

GAI将跟踪学生的学习进度，记录他们的操作和决策。教师可以通过GAI提供的数据，了解学生的学习情况，及时调整教学策略。

（3）个性化学习路径

根据学生的学习进度和能力，GAI将为他们提供个性化的学习路径。例如，对于在行星位置推断方面表现较弱的学生，GAI将提供更多的练习和挑战，帮助他们提高能力。

六、技术实现与资源支持

（1）技术实现

利用 GAI 技术，如 GPT-4、DALL·E 等，构建虚拟太空环境和天文台数据。结合 VR 技术，为学生提供沉浸式的太空探险体验。

（2）资源支持

提供丰富的教育资源，如太空探索视频、科学文献、实验指南等。利用 GAI 技术，根据学生的学习需求，动态生成教育资源。

七、评估与激励机制

评估方式：通过 GAI 技术，对学生的学习成果进行评估。评估内容包括科学知识掌握程度、问题解决能力、团队协作能力等。

激励机制：设立奖励机制，对表现优秀的学生进行表彰和奖励。利用 GAI 技术，为学生提供个性化的学习建议和激励措施。

通过这种情境化的学习方式，学生不仅能够在虚拟的太空环境中体验探险的乐趣，还能在完成任务的过程中培养科学探究能力和问题解决能力。同时，GAI 技术将为学生提供实时的反馈和指导，帮助他们更加深入地理解和探索宇宙的奥秘。此外，GAI 的实操模拟还具有高度的互动性。GAI 能够通过相关实验问题在庞大的数据库中检索相关资料，并将参考资料进行列表展示，让生成的实验数据真实有效。学生可以通过与 AI 的对话、操作虚拟实验器材等方式，提出个性化需求，与系统进行实时互动。学生还可以从 GAI 的反馈内容中找寻关键点或自己不明白的问题，再次进行互动对话，从而增加互动深度。这种互动不仅能使学生更加积极地参与到学习过程中，还能帮助他们及时纠正错误，加深对知识点的理解，从互动对话中汲取相关知识。

（二）自适应学习机制

GAI 的实操模拟具有强大的自适应学习机制，能够根据学生的学习进度和能力水平，实时调整实验参数和教学内容。这种机制使得每个学生都能够在适合自己的难度下进行学习，从而提高了学习的针对性和有效性。

以"植物光合作用"模拟实验为例，如果学生在操作过程中频繁出错，那么 GAI 就会智能地识别出学生的难点和困惑，并生成简化版的实验步骤和图文解释。这种个性化的教学支持不仅帮助学生克服了学习障碍，还增强了他们的学习信心。

自适应学习机制的实现依赖于 GAI 对大量学生数据的分析和学习。通过对学生的学习行为、操作记录等数据的深度挖掘，GAI 能够准确地评估学生的能力水平和学习需求，从而为他们提供量身定制的学习方案。

（三）数据驱动的教学优化

GAI 的实操模拟还具备数据驱动的教学优化能力。通过对学生操作记录的深入分析，GAI 能够生成详细的学习报告，为教师提供教学反馈和评估依据。同时，GAI 还能够根据学生的学习情况，推荐针对性的练习和资源，帮助他们巩固知识点和提升能力。

粤教科技版（粤教版）小学四年级《科学》下册以"变化的月相"观测任务为例，受限于课堂教学的时空因素，教师很难组织学生在校进行学习和研究。此时可以借助 GAI 分析学生在观测过程中的点击频率、错误类型等数据，识别出他们对"月食成因"等知识点的误解。基于这些数据，GAI 可以推送相关的微课视频和练习题，帮助学生加深对知识点的理解和记忆，从而有效解决不能现场教学和长期观测跟踪的问题。

此外，数据驱动的教学优化还能够促进教学资源的动态更新和优化。通过分析学生的学习数据，教师可以了解哪些教学资源受到学生的欢迎和认可，从而调整和优化教学内容与教学方式。同时，教师还可以根据学生的学习反馈，及时修正和完善教学资源，提高教学质量和效果。

GAI 的实操模拟通过情境化与互动性、自适应学习机制以及数据驱动的教学优化等特征，为小学科学教学带来了革命性的变革。这些特征不仅提高了教学的针对性和有效性，还激发了学生的学习兴趣和探索精神，为培养未来的科学人才奠定了坚实的基础。

四、应用案例分析

在小学科学教学中，GAI 的智能实操模拟不仅为传统的教学方式带来了革新，还通过其独特的情境化、互动性和自适应学习机制，极大地提升了教学效果。下面将通过虚拟实验室、天文观测模拟以及跨学科整合三个具体案例，深入分析 GAI 在小学科学教学中的应用及其效果。

应用案例 10：虚拟实验室——小学科学实验安全教学

1. 案例描述

某小学利用 GAI 技术构建了一个名为"物质溶解"的虚拟实验室。在这个虚拟实验室中，学生可以通过拖曳不同的物质（如糖、盐等）到虚拟的水杯中，观察这些物质在水中的溶解速度差异。GAI 系统能够实时生成溶解过程的三维分子运动动画，直观展示溶解现象，同时对学生的操作进行实时监控，及时提示错误操作（如过量添加物质）。

2. 效果分析

实验成功率提升：由于虚拟实验室提供了安全、可控的实验环境，学生可以在没有实物危险的情况下反复尝试实验，从而提高了实验的成功率。据统计，该虚拟实验室的使用使得实验成功率提升了 30%。

概念理解深度显著提高：通过三维分子运动动画的直观展示，学生对"溶解度"这一抽象概念的理解更加深入。他们不仅掌握了溶解的基本原理，还学会了如何根据物质的性质预测其溶解速度。

应用案例 11：天文观测模拟——太阳系探索实践

1. 案例描述

GAI 被用于创建一个动态的太阳系模型，学生可以通过调整时间轴来观察行星的公转轨迹。例如，当学生输入"木星与地球的会合周期"时，GAI 系统会生成木星与地球在太阳系中的相对运动模拟，并标注出关键的天文事件

（如冲日、合日等）。此外，GAI 还结合历史数据，生成了"未来 100 年天文事件预测"，引导学生思考天体运动的规律。

2. 创新点分析

动态模拟与互动体验：通过动态的太阳系模型，学生能够以直观的方式理解行星的运动规律。这种互动体验不仅增强了学生的学习兴趣，还培养了他们的空间想象力和科学探究能力。

未来事件预测：GAI 结合历史数据生成未来天文事件预测的功能，为学生提供了一个全新的学习视角。他们可以通过分析预测结果，深入理解天体运动的周期性规律，并培养对未来科学探索的兴趣和好奇心。

应用案例 12：跨学科整合——生态系统的虚拟构建

1. 案例描述

在"森林生态系统"项目中，GAI 被用于生成虚拟的动植物群落，并模拟食物链的互动过程。学生可以通过调整环境参数（如降雨量、温度等）来观察物种数量的变化，并分析对生态平衡的影响因素。AI 系统能够实时反馈学生的操作结果，并提供相关的科学解释和建议。

2. 效果分析

跨学科知识融合：通过虚拟生态系统的仿真，学生能够将生物学、生态学、地理学等多个学科的知识融合在一起，形成对生态系统的全面理解。这种跨学科的知识融合不仅拓宽了学生的视野，还培养了他们的综合分析和解决问题的能力。

生态平衡意识培养：通过模拟食物链的互动过程和观察物种数量的变化，学生能够深刻理解生态平衡的重要性，学会分析环境参数对生态系统的影响，进而思考如何保护和维护生态平衡。

GAI 在小学科学教学中的应用案例展示了其在提升教学效果、增强学生学习兴趣、培养科学探究能力等方面的巨大潜力。未来，随着技术的不断发展和完善，GAI 将在小学科学教学中发挥更加重要的作用，为培养未来的科学人才贡献更多的力量。

第四章 GAI赋能艺体教学实践：艺术创作与识别反馈技术

GAI技术不仅被用于文科、理科教学中，而且在涉及身体感知和创造性的艺术与体育领域，也起着非常积极的作用，推动着艺术与体育教育教学重塑。

在传统的艺术与体育教学中，我们常常会遇到这样的问题，例如，在艺术教育中，因为教师的经验与资源匮乏，学生在模仿技巧上容易受到限制，这导致他们在创意表达上难以实现重大突破；在体育学领域的研究里，学生的各种动作大多是基于教师的直接观察和实践经验来指导的，这种方法往往缺乏科学性和准确性，也很难为学生制订出具有个性化特点的训练计划。

在教育教学过程中，教师利用GAI技术可以有效地解决前面提到的问题，使学生的学习过程变得更加科学和高效。在进行美术教学的过程中，GAI运用风格转换、构图优化和多模态生成等技术手段，将抽象的创意概念转化为可视化的创意草图，从而成为学生的"灵感协作者"；在学习音乐的过程中，学生拥有使用智能作曲工具来构建旋律结构的技能，并有能力深入探讨跨文化音乐的融合问题；在一些体育活动中，GAI的实时动作捕捉和反馈系统能够协助学生进行深度的数据分析，从而准确确定学生的运动姿势，为他们的个性化训练提供坚实的科学依据。

在技术赋能的过程中，教育的本质是不变的。AI工具的引进不是为了取代教师的专业技能，而是为了协助教师从"教授技能的人"转变为"有创意的策划者"或"培养设计师"。

本章主要探讨GAI在艺术和体育教育领域的三个核心应用场景，分别是智能绘画与创作辅助、音乐旋律生成与情感分析以及动作识别与训练反馈。

第四章 GAI 赋能艺体教学实践：艺术创作与识别反馈技术

通过深度剖析 GAI 理论、研讨 GAI 技术并分析实际案例，我们可全方位地呈现 GAI 如何突破传统教学模式的限制，构建起融合"技术、艺术、身体"三大元素的创新实践环境。在此发展阶段，技术与人文的深度结合，将为学生实现从"标准化学习"迈向"个性化创新"提供无限可能。

第一节 智能绘画与创作辅助

在传统的美术教学中，学生的绘画学习主要依靠教师的传授，以模仿为主。然而，这种方式往往会使学生受到教师的个人经验和教材示例的限制，很难打破固有的思维模式，并且技术训练过分依赖于重复与模仿。此外，教师也难以兼顾对每个学生进行长期有针对性的动态指导。相比之下，GAI 拥有跨模态生成、风格迁移和实时反馈等功能，这些强大的功能能够帮助学生构建一个"创意激发—技巧优化—风格养成"的闭环支持系统。

本节将探讨智能绘画与创作辅助的理论基础，以及设计原则、应用价值和应用场景等，通过解析丰富多样的典型案例，多方位呈现 GAI 赋能美术学科的做法。

一、智能绘画与创作辅助的理论基础和设计原则

（一）智能绘画与创作辅助的理论基础

1. 认知科学与学习理论

建构主义学习理论提倡以学生为中心的学习方式，包括基于问题的学习、协作探究学习和情境性学习。通过互动，GAI 能够帮助学生构建对艺术的理解，提供个性化的学习体验。它能够优化学习材料的呈现方式，减少学生的认知负

担，从而帮助学生更高效地掌握艺术技能，大大提升学习效率。

2. 计算机视觉技术与机器学习

GAI通过机器学习和计算机视觉技术，能够分析艺术风格、技法和视觉结构，并在学生发出指令后生成新作品或为学生提供创作支持。GAI具备风格迁移、图像生成、构图与色彩分析等强大的技术功能，这些功能能够帮助学生理解艺术创作。

3. 艺术理论与创造力

GAI结合形式主义和生成艺术理论，拓展学生的创作思路和激发学生创造力。例如，在学生发出指令后生成艺术作品，模拟不同风格，帮助学生探索多样化的艺术表达，激发学生的创作灵感。

（二）智能绘画与创作辅助的设计原则

1. 以学生为中心

无论GAI有多么先进，教师使用它们的核心目的都是为学生的学习服务。在遵循"以学生为中心"的原则下，智能绘画与创作辅助的设计应该注重学生学习兴趣的激发和艺术创造力的培养，同时鼓励他们进行个性化学习。注意，所使用的工具应该清晰明了、易于操作，而不是增加学生的负担。

2. 激发创造潜能

创造力是学生艺术创作的关键能力。在美术教学中应用GAI工具的目的是拓宽学生的艺术视野，基于他们的认知理解和操作指令，实现人机协同，创作出更有创意的画作；GAI工具的作用是激发学生的创造力和想象力，而非代替学生进行创新思考。智能绘画中的风格迁移和图像生成能让他们在看到不同的风格和图像后，激发自己的灵感，实现更多的创作可能。在智能绘画中，学生依然是创作的主导者，GAI执行指令，或者GAI提供建议完成创作，而不是代替学生思考。

3. 实时反馈支持

艺术创作是一个持续且反复的过程，学生需要及时反馈和精准指导来提升技能。如 GAI 工具可实时分析学生作品的构图、色彩、透视等方面，指出问题并提供建议，从而帮助学生快速提升。此外，GAI 工具还可以记录学生的创作过程，保存学生的作业草稿，方便学生回溯自己的创作思路，发现问题并进行调整。通过 AI 工具实时反馈和学习支持，学生能够有效地提升技能，使其成为学生创作学习的得力伙伴。

4. 保障伦理规范

无论是智能绘画还是创作辅助，工具都应该保护学生隐私和作品版权，避免出现数据公开或者滥用的情况。同时应该明确 GAI 的角色定位，即 GAI 工具是为学生提供帮助的，不应误导学生或过度干预创作。

二、智能绘画与创作辅助的应用价值和应用场景

（一）应用价值：技术赋能下的新型艺术创作范式

AI 艺术不仅仅是工具革新，更是范式革命。在美术教学中，GAI 的绘画和创作辅助功能发挥着重要作用，改变了传统美术教学的方法以及绘画创作的方式。

GAI 工具的应用不仅能够激发学生的创作灵感，还可以显著提升创作效率，为学生提供个性化的学习支持，促进教育公平。GAI 工具在美术教学中展现出显著价值，主要体现在以下三个方面。

- 激发创作灵感：GAI 通过学习大量的艺术作品，为学生提供丰富的艺术风格参考，帮助他们快速理解不同艺术风格的特征，拓展创作思路。它还可以根据学生的创作需求，生成色彩搭配、构图方案等创意建议，激发学生的创意与想象力。
- 提升创作效率：GAI 具备自动化处理能力，可快速完成线条平滑、色彩填充、背景生成等烦琐操作，帮助学生节省时间与精力，更专注于创意表达。
- 提供个性化学习支持：GAI 能依据学生的学习进度与能力分析作品，

提出优化建议，助力学生技能提升。同时，通过模拟大师的创作过程，学生可以在实践中学习艺术技法，提升艺术素养与综合创作能力。

（二）技术支撑：智能绘画与创作辅助的大模型基础（见表 4-1）

表 4-1　智能绘画与创作辅助的大模型基础介绍

大模型名称	主要功能	优势
Midjourney	根据文本生成图像，支持多种风格和分辨率	生成图像质量高、风格多样、操作简单
DALL·E3	根据文本生成图像，支持复杂场景设计	生成图像细节丰富，文本理解能力强
通义万相	文生图、图生图、涂鸦作画、虚拟模特等功能	功能丰富，支持多种创作方式，免费使用
文心一格	AI 创作、AI 编辑、实验室等功能	依托百度技术，功能模块丰富，操作便捷
天工 AI	AI 绘画和编辑、智能搜索、AI 写作等	功能多样，免费且无限制使用，综合性强
即梦 AI	文生图、图生图、风格迁移、智能涂鸦等	功能全面，生成速度快，支持多种创作方式
豆包	文本生成图像、图像生成图像等	生成图像质量较高、操作简单
海鲸 AI	集成 Midjourney AI 模型，支持多种绘画风格	功能齐全，生成图像质量高

（三）场景落地：智能绘画与创作辅助的项目及应用场景（见表 4-2）

表 4-2　智能绘画与创作辅助的项目及应用场景介绍

项目	功能	适用场景	优势
图像生成	根据文字描述或草图生成艺术作品	创意启发课、作业辅助、风格探索课程、跨学科项目、虚拟展览策划	快速提供视觉化创意、降低创作门槛、提高课堂互动性，可用于布置虚拟展览空间

续表

项目	功能	适用场景	优势
风格转换	将图像转换为不同的艺术风格（如梵高、毕加索等）	风格学习、历史艺术流派教学、创意实验课	快速展示多种风格，帮助学生理解风格差异、激发灵感、提供艺术比较，直观展示不同艺术风格的表现形式和特点，深入理解艺术的发展和演变
创意激发	通过关键提示词或草图快速生成创意草图	创意绘画课、设计思维训练、主题创作项目、多人协作创作	提供多样化创意，激发学生想象力，快速验证想法，用于小组项目，共同参与创作过程，激发团队的创造力和合作精神
辅助绘画	提供线稿上色、局部重绘、图像优化等功能	基础绘画训练、作品完善、个性化创作指导	提高绘画效率，帮助初学者掌握绘画技巧，优化作品细节
多样化创作	支持文生图、图生图等多种创作模式	综合创作课、跨学科项目、数字艺术课程、跨媒介艺术创作	满足不同创作需求，促进跨学科融合，提供多种创作路径，将生成的图像与其他媒介相结合，创作多媒体作品，拓展艺术创作的边界

三、智能绘画与创作辅助应用案例

应用案例 1：智能绘制蛇年海报

场景：为了让学生更好地了解中国传统文化，讲好中国故事，在蛇年来临之际，美术课教师组织学生开展蛇年海报创作，培养学生的创新思维和艺术表达能力，体验科技与艺术的完美结合。

工具：豆包。

课堂实录如下。

1. 准备阶段

师：亲爱的同学们，春节即将到来，新的一年是蛇年，在我国的传统文化中，蛇有什么寓意呢？

生 1：它象征着智慧、吉祥、富贵……

师：是的。现在春节不仅是我国的重要节日，更是联合国的重要假日，越来越受到其他国家人民的喜爱。今天我们一起来创作一幅蛇年春节的海报，向国际友人宣传我们的节日。今天的美术课跟以往不一样，不需要大家手绘，只需要大家动脑、动眼、动口就可以。今天我们利用AI创作一张海报。4人一组，共同完成作品。

2. 蛇年元素

引导学生思考蛇年的相关元素，如生肖蛇、新年习俗等。

3. 提示词

师：同学们，今天帮助我们一起创作的是"豆包"小助手，怎样才能让它按照我们的指令去完成创作呢？这个需要我们跟它进行有效沟通。下面我们来看看怎么与AI对话。首先，想一想，你们想创作哪种蛇的形象？长什么样子？身体是什么颜色的？

大家可以参考如表4-3所示的话术，与AI进行沟通，并充分发挥自己的想象力。

表4-3 智能绘制蛇年海报提示词框架

蛇的形象	装饰细节	整体风格	表情和动作	场景氛围
我想要一个可爱的蛇形象……	头部、衣服：红色服装和金色装饰	胖嘟嘟、毛茸茸的风格	开心地跳舞……	春天的花园、冬天的雪景；红色的灯笼、新年装饰

4. 创作过程

在学生创作过程中，教师给予指导。

5. 初始作品评价

教师展示部分小组的初稿，如图4-1所示，对比生成的海报谈谈看法。

6. 完善作品

学生会根据教师和其他同学的反馈意见，对作品进行最终完善，如图4-2所示。

第四章 GAI赋能艺体教学实践：艺术创作与识别反馈技术

图4-1 智能绘制蛇年海报初始作品

图4-2 智能绘制蛇年海报并优化后的作品

在蛇年海报的设计中，智能体起到了至关重要的角色。通过智能海报创作，让学生了解智能创作的步骤和方法，培养学生的创造力和艺术表达能力。在与智能体互动的过程中，学生的词汇得到扩充并能更加精准地表达，智能创作活动也让一些绘画基础薄弱的学生找到了信心和兴趣。

应用案例2：项目式学习"小小设计师——我们的书包"

场景：小学五年级美术课。

工具：即梦AI。

课时：2课时。

第1课时：探秘书包的前世今生

课堂实录如下。

师：（展示竹简、布包、皮质书包图片）同学们，猜猜这些是什么？它们和书包有什么关系？

生1：老师，那个竹简是古代的书，裹着布的应该是古代书包吧？

师：观察力满分！今天让我们化身为"书包侦探"，通过两个任务解锁设计密码。

任务1：书包时光机（分组调查）。

每组领取1个年代信封（分别为20世纪80年代、21世纪初、21世纪20年代）。

用平板电脑搜索对应年代书包的特征，填写"时代特征表"，如表4-4所示。

表4-4 时代特征表

年代	材质	颜色	特殊功能
20世纪80年代	帆布	军绿色	单层+铁扣

任务2：问题发现者。

现场称重若干个书包，计算"课本占比"（课本重/总重×100%）。

用便利贴制作"问题墙"：书本自身的重量较重、不防水、侧面袋子装不了东西、书包容量小、放不进抽屉等。

师：这些问题将成为我们设计的起点。

第2课时：畅想未来书包

课堂实录如下。

师：同学们，我们找到了目前所使用的书包的很多缺点，现在请大家分小组讨论，未来的书包会有什么神奇功能？请用"如果……就……"表达想法。

生1：如果书包会变小，就能塞进课桌抽屉了。

生2：如果下雨时书包能弹出雨伞，妈妈就不用担心我了。

生3：如果书包有翅膀，那就不用我背着了。

设计工作坊：

1. 功能脑暴

2. 每组领取"功能卡牌"（安全、收纳、环保、智能）

如：用"功能+技术"组合创新（示例：防丢失+GPS定位）。

即梦AI初体验：

师：（投屏演示）输入魔法口令——小学生书包、太空金属材质、带空气净化功能、赛博朋克风格、4K 高清……

生 4：老师，AI 把书包画成飞船形状了。

师：这正是关键提示词"赛博朋克"的魔力所在，现在请打开你们的"设计密码本"，如表 4-5 所示。

表 4-5　设计密码本

设计维度	可选词库
材质	纳米材料、记忆海绵、植物纤维
功能	自动消毒、体温监测、防撞气囊
风格	中国风、机甲战士、糖果色系

生成任务如下。

基础组：组合 2 个功能词 +1 个风格词生成设计。

进阶组：添加"可持续设计"要求（如太阳能充电）。

在教师的引导下，学生分别创作出了不同的书包作品，如图 4-3 所示。

图 4-3　学生创作的书包作品

在"小小设计师——我们的书包"这节课的教学中，通过开展项目式学习，在 AI 的辅助下，学生在教师的引导下进行"历史—现实—未来"的三维认知。在创作过程中，学生通过与 AI 进行对话，设计出自己想象的书包。这不仅让技术工具真正服务于创意表达，而且符合课标"用美术改善生活"的理念要求。

应用案例 3：美术与语文、历史学科融合《诗画千年：AI 重现 < 清明上河图 > 中的汴京生活》

课时：3课时。

课前准备如下。

1. 数字资源包

故宫博物院《清明上河图》高清互动网站、《东京梦华录》精选电子文档（带白话注释版）、宋代建筑彩画色卡（Pantone 传统色编码）。

2. 技术工具清单（见表 4-6）

表 4-6　技术工具清单

工具	用途	应用案例位置
故宫数字平台	高清观察《清明上河图》细节	第 1 课时：数字探秘
即梦 AI	生成历史场景（医馆、香药铺）	第 1/2 课时：AI 生成
豆包	构建汴京商业史时间轴	第 3 课时：时空走廊

第1课时：解码历史画卷

1. 数字探秘

学生以小组为单位观察"虹桥"及周边图画。通过故宫数字平台放大画卷观察局部，完成商业设施登记表，如表 4-7 所示。

表 4-7　商业设施登记表

坐标位置	商铺类型	经营商品	顾客特征（至少 3 点）

2. 文献印证

各小组分别选取《东京梦华录》中的节选内容，共同阅读并理解其含义，然后在故宫数字平台查找相关场景。如，学生在阅读《东京梦华录》卷一河道部分时,可以在数字平台找到"虹桥"桥畔的场景。通过文与图的对比,进一步对历史进行验证,从而更好地帮助学生理解阅读材料。

3. AI 辅助猜想

教师示范使用即梦 AI 生成相应场景,给出结构化提示词模板,例如:北宋汴京、时辰、地点、主体活动、建筑特征、艺术风格等。生成辰时赵太丞家医馆的场景,如图 4-4 所示。

图 4-4 辰时赵太丞家医馆的场景

第 2 课时:穿越时空的设计师

历史店铺复原计划

(1)分组任务卡(见表 4-8)

表 4-8 分组任务卡

编号	店名/招牌	售卖物品/服务	位置描述	备注
1	赵太丞家	医药(专治酒伤、五劳七伤)	虹桥以南,街道西侧	门口有广告牌,可能是官医退休后开设的
2	脚店(酒肆)	酒水、小菜	虹桥附近,挂"新酒"招牌	宋代"脚店"指中小型酒楼
3	正店(孙羊店)	高档酒宴	城内繁华区,三层楼建筑	大酒楼

续表

编号	店名/招牌	售卖物品/服务	位置描述	备注
4	香药铺	香料、药材	城内街道旁，柜台上摆着瓶罐	可能售卖乳香、檀香等进口商品
……				

（2）AI 生成步骤

在即梦 AI 工具中输入基础指令：北宋香药铺、胡商交易场景、青砖柜台。生成北宋香药铺与胡商交易场景如图 4-5 所示。

图 4-5 北宋香药铺与胡商交易场景

使用图生图功能，上传《清明上河图》局部截图作为风格参考，要求符合宋代服装风格、建筑特点。

（3）语文表达植入：广告文案设计

根据即梦 AI 生成的店铺画面，撰写符合宋代语境的宣传语。

必须包含：店铺特色（如南海龙脑）。

推荐使用：宋代量词（角、文）。

禁用词汇：现代品牌词（旗舰店、超市）。

生成的内容有：刘家上色沉檀拣香——海南栈香每两八十文，龙涎香角钱三百。

（4）对话气泡创作

为 AI 画面中的人物添加文言对白，如图 4-6 所示。

图 4-6 刘家上色沉檀拣香人物对话气泡

第3课时：盛世汴京博览会

1. 时空走廊构建：使用豆包制作历史时间轴

960 年：北宋建立，建都东京开封府。

1024 年：交子正式发行。

1127 年：靖康之变。

利用豆包制作相关图片，并制作 PPT，还原汴京"最后繁荣"。

2. 跨学科介绍作品及学习收获

本例通过"观察—解构—再现—展示"四个阶段的学习，将智能绘画转化为历史探究工具。通过跨学科主题学习，学生的学习变得更加立体，培养了学生的历史细节辨识力、文言应用准确度、数字工具熟练度。此外，还可以进行其他学科的拓展。例如，在数学课上，统计《清明上河图》中船舶的类型与载重比例；在物理课上，分析虹桥拱桥结构的力学原理；在地理课上，绘制宋代大运河贸易路线热力图等。

智能绘画作为将美术教育与科技相结合的创新尝试，为学生展示了绘画的另一种途径和方式。GAI 不仅能辅助学生绘画，还能在设计情境，以及梳理美术绘画的历史、学生评价等方面发挥重要作用。GAI 在教育教学中的应用可能是无限的，这需要一线教师去思考、应用与创新。

事实上，AI 绘画技术的出现正在颠覆传统的绘画行业。因此，面对 AI，我们应当以更加开放和包容的心态接纳 AI 等新兴技术，积极主动地探寻美术教育的创新路径和模式。同时，我们应思考如何培养 AI 时代的人才，为学生的全方位和终身发展打下坚实的基础，并为民族的复兴和人类的进步贡献我们的智慧和力量。

第二节
音乐旋律生成与情感分析

《义务教育艺术课程标准（2022 年版）》指出，音乐学科课程内容包括"欣赏""表现""创造""联系"四类艺术实践，涵盖 14 项具体学习内容。在音乐创作和欣赏方面，GAI 的应用正在改变传统的作曲和情感教学方式。GAI 辅助作曲工具能够生成旋律、和声、节奏，从而激发他们的创作灵感。通过与 GAI 的互动，学生可以学习到不同的作曲技巧和风格，提升他们的音乐素养。同时，音乐情感教学也可以用 GAI 支持。通过情感分析技术，教师可以帮助学生理解音乐作品所传达的情感，分析不同旋律与和声如何影响听众的情感反应。这种结合不仅丰富了音乐教育的内容，也增强了学生对音乐的理解和感受能力。

本节将探讨 GAI 如何赋能音乐旋律生成和情感分析，通过解析丰富多样的典型案例，多方位呈现 GAI 赋能音乐学科的做法。

一、GAI 赋能音乐旋律生成

（一）音乐旋律生成的特点

通过"创造"活动，学生可以对音乐进行探索，综合运用所学知识、技能和创造性思维，开展即兴表演和音乐编创活动，表达个人想法和创意。但在实际教学中，很难让所有的学生都亲自经历创造音乐旋律的过程。借助 GAI 工具，学生可以结合自己的想法，生成相关音乐，从而体验音乐旋律的创作过程。在教学中，教师可以利用 GAI 工具，例如网易天音、AIVA 等，引导学生体验 GAI 作曲的过程，分析生成的音乐作品，讨论其结构、和声、情感表达等。这种实践能够帮助学生更好地理解作曲的基本原理和技巧。

（二）应用案例：《步步高》音乐作品教学

《步步高》是一首经典的中国民间音乐作品，其旋律优美动听，跌宕起伏，象征着人生不断努力、追求进步的精神。基于此，可以设计《步步高》的作品分析教学方案，运用网易天音或 AIVA 作曲工具，帮助学生更好地理解和欣赏这首作品。

步骤 1：聆听作品，感受旋律。

简要介绍《步步高》的起源、历史和在中国传统音乐中的地位。播放《步步高》的不同版本，让学生感受其旋律和节奏。

步骤 2：分析作品，理解旋律。

讨论《步步高》的旋律特点，如音阶、音程和旋律走向，让学生聆听不同乐器的演奏效果，或者让学生用不同的乐器来演奏，多角度感受其音色和情感。研究节奏的特点，以及如何通过节奏增强音乐的表现力。讨论作品的整体结构，如引子、主题、发展和尾声；让学生绘制作品的结构图，帮助理解音乐的层次。

步骤 3：运用 GAI 进行作曲。

讲解网易天音、AIVA 的基本功能和使用方法，展示如何选择风格、设置参数等。学生分组使用网易天音或 AIVA，尝试创作一段受《步步高》启发的音乐作品，鼓励学生在创作中运用所学的旋律、和声和节奏知识。

通过这种教学设计，学生不仅能够深入理解《步步高》这首作品，还能通过现代科技工具进行音乐创作，增强他们的音乐素养和创造力。

表 4-9 对比分析了几种音乐创作的工具，学生可以根据不同的需求选择这些工具。

表 4-9　音乐创作工具的对比

工具名称	简介	优势	用途
网易天音	网易推出的 AI 音乐创作平台，支持多种音乐风格和语言	音乐生成能力强，易于集成到各种应用中	用于音乐创作、内容生成
AIVA	古典音乐的 AI 作曲家，能生成独特的交响乐作品	古典音乐、交响乐生成效果好	用于音乐创作、电影配乐
Hum On	可以根据哼唱的旋律，生成完整的音乐作品	操作简单，使用方便	用于个人音乐创作和教学
Amper Music	一个在线平台，输入歌词后可自动生成音乐	可以快速生成音乐	用于背景音乐

二、GAI 赋能音乐情感分析

（一）音乐情感分析的特点

音乐是一种可以在极短时间内改变人们情绪的艺术形式，无须语言就可直达人心。在音乐欣赏过程中，学生可以体验音乐所蕴含的情绪与情感，了解音乐的表现要素和表现形式，感知并理解音乐的体裁与风格等。对音乐进行情感分析可以深化学生的音乐情感体验，提升他们的审美感知和文化理解素养。然而在教学实践中，学生在对音乐进行情感分析时，受知识水平的限制，往往考虑不全面。利用 GAI 赋能音乐情感分析，可以为音乐情感分析教学提供强有力的支持。GAI 工具可以帮助学生通过旋律、节奏、和声等要素理解作品要传达的情感。

（二）案例：小调的情感分析

小调是我国民歌的重要体裁之一。小调题材广泛，旋律流畅、细腻，富于变化，其地域特色鲜明，不同地区的小调往往融入了当地的音乐文化和民俗风情，具有很强的生活气息和感染力。结合 DALL·E、Gemini 2.0 等工具，可以开展小调情感分析。

步骤1：请欣赏以下音乐作品，用恰当的词语描述每首作品的音乐情感。

《沂蒙山小调》《无锡景》《一根竹竿容易弯》《桃花红杏花白》《龙船调》《小放牛》。

步骤2：每个小组选择一首小调进行深入分析。

小组先通过查阅资料等方式，多方面了解所选的小调，再进行情感分析。教师可以用 DALL·E 绘图工具给每首作品配一幅场景图。例如，利用 DALL·E 给《沂蒙山小调》绘制的场景图如图 4-7 所示。

步骤3：用 GAI 工具分析。

结合 Gemini 2.0 工具，对六首小调进行深入分析，并让每个小组进行对比分析。Gemini 2.0 对《沂蒙山小调》给出的情感分析分为赞美和歌颂、革命情怀、深情和眷恋、悲壮与豪迈四个方面。让学生对这首歌曲的认识更加全面、深刻。

图 4-7　利用 DALL·E 给《沂蒙山小调》绘制的场景图

步骤4：结合情感分析，再次聆听小调。

学生对小调有了较为全面的情感分析后，再次聆听小调，与第一次听相比，有什么不同的感受呢？让学生说出自己的感受。

在本例中，通过具体的小调曲目分析，学生可以较好地掌握中小调音乐情感表达，以及 GAI 在音乐情感分析中的应用原理和方法，从而更好地领悟我国民间音乐的丰富性和多样性。

第三节
动作识别与训练反馈

义务教育阶段体育与健康课程内容主要包括基本运动技能、体能、健康教育、专项运动技能和跨学科主题学习。其中，专项运动技能对动作的规范性有一定的要求，而提高体能则可以通过及时的训练反馈进行调整。利用 GAI 赋能体育与健康课程，可以达到更好的教学效果。

本节将探讨 GAI 如何赋能体育动作识别、训练反馈，通过解析丰富多样的典型案例，多方位呈现 GAI 赋能体育学科的做法。

一、GAI 赋能体育动作识别

（一）跳远运动的特点

跳远运动作为田径类运动，可以发展学生的弹跳力、身体控制能力和灵敏性，提高学生跳跃的远度。在跳远项目中，学生的技术动作标准化分析和体能训练计划的生成是提高运动表现的关键。通过 GAI 工具，可以对运动员的跳远动作进行姿态评估，识别出技术动作中的不足之处，并据此制订个性化的训练计划，以优化运动表现。

（二）应用案例：跳远训练

在跳远训练中，学生的跳远动作、起跳姿势、空中姿态、落地动作是影响跳远成绩的关键因素。利用 GAI 工具，可以识别起跳角度是否合适、腿部力量是否充分释放、空中姿态是否稳定等，从而为每个学生提供针对性的改进建议。具体过程如下。

步骤 1：明确跳远动作要求。

学生先通过观看视频、教师讲解等方式明确跳远的基本动作要领。

步骤 2：完成跳远动作。

学生完成跳远动作，并记录成绩，同时用 Open Pose（人体姿态识别工具）记录每个学生的动作。

步骤 3：用 GAI 工具分析动作。

首先，让学生进行标准的跳远动作（如助跑、起跳、空中姿态、落地等），在此过程中，使用 Open Pose 实时捕捉动作，并从多个角度记录视频，用于后续分析。在数据分析阶段，可以使用 Open Pose 生成的姿态数据，分析学生在跳远过程中的关键动作（如起跳角度、身体姿态、手臂摆动等）。通过这种方式，能够识别出技术动作中的不足之处，例如，起跳时的身体倾斜、助跑速度不足等。

步骤 4：针对性训练。

根据 Open Pose 分析的不足之处，为每个学生制定个性化的训练方案，针对性地进行动作和姿态的训练。同时结合学生的跳远表现和姿态分析结果，评估其体能水平，包括力量、速度、灵活性和耐力等方面。利用 Tempo 系统，输入学生的体能评估数据和技术需求，生成个性化的训练计划。该训练计划应包括力量训练（如深蹲、硬拉）、速度训练（如短跑、敏捷训练）和灵活性训练（如拉伸、柔韧性练习）。

二、GAI 赋能训练反馈

（一）体能训练的特点

体能训练的特点在于致力于改善身体成分，同时发展心肺耐力、肌肉力量、肌肉耐力、柔韧性、反应能力、位移速度、协调性、灵敏性、爆发力、平衡能力等。这些训练内容共同为学生增强体质和学习专项运动技能奠定良好基础。由于每个学生的身体状态各不相同，所以要结合学生自身的状态，开展针对性的训练，从而更有效地提升学生的体能水平。

（二）应用案例：提升体能训练水平

在教学中可以利用 GAI 工具（如 Tempo），制订体能训练计划，指导学生健康、科学、有效地开展体能训练。

步骤 1：收集学生的身体数据。

用 Tempo 中的 3D 动态传感器收集学生的身体数据，例如体重、身高、心率、肌肉力量等，并据此为每个学生制定个性化的运动方案。这种个性化的训练计划能够帮助学生更有效地提升体能，降低运动伤害的风险。

步骤 2：实时运动监测与反馈。

用 GAI 工具可以通过可穿戴设备或智能体测设备实时监测学生的生理数据，例如心率、消耗的热量、运动时长等。这些数据通过 GAI 工具算法分析后，能够及时反馈学生的运动状态，帮助他们动态调整运动强度和方式。例如，当心率过高时，可以提醒学生适当减缓运动节奏。

步骤 3：生成训练方案。

运用 GAI 工具统计和分析学生的运动成绩，生成个性化的体测报告，从而帮助教师更高效地制订教学计划。同时，结合 GAI 制定学生的个性化训练方案，并开展与传统体能训练的对比研究，如表 4-10 所示。

表 4-10　结合 GAI 工具开展体能训练与传统体能训练的对比

对比内容	结合 GAI 工具开展体能训练	传统体能训练
指导方式	AI 实时反馈、专业训练课程	依赖教师或教练
训练方法	注重节奏的控制	注重重复训练
受伤风险	实时监测，受伤风险低	凭感觉训练，可能导致受伤

GAI 工具可以根据学生的运动表现提供科学、精准的测试报告，为增强学生的体质提供数据支持。GAI 赋能学生体能训练，通过个性化的训练计划、实时监测与反馈、智能化设备支持等方式，不仅保障了学生体能训练的健康安全性，还提升了体能训练的效果并激发了学生的兴趣。

第五章 GAI赋能跨学科教学实践：资源整合与场景生成技术

在传统的跨学科教学中，教师常常面临三大困境：其一，多学科知识整合依赖人工经验，效率低且缺乏系统性；其二，创设情境受限于各种条件，难以满足个性化需求；其三，学生的高阶思维培养缺乏智能化支持工具。GAI通过语义网络构建与知识融合，可关联多个跨学科领域的知识节点，形成动态资源池。

本章聚焦两大核心技术突破：一是基于大模型的智能资源整合技术；二是利用多模态生成场景技术。GAI生成的3D生态模拟场景可提升学生解决问题的效率，动态生成的知识网络备课系统能缩短教师的教学设计时间。技术赋能需回归教育本质，教师角色实现三重进阶（见表5-1）。接下来，将解析典型案例，展现GAI如何赋能"备课—实施—评价"全教学流程，并为骨干教师提供可借鉴的"资源—场景—活动"设计框架。

表5-1 教师角色转型表

传统角色	转型方向	能力跃迁标志
资源搬运工	学习架构师	从碎片拼接到系统设计
场景复现者	情境设计师	从场景复制到问题孵化
经验主导者	数据协作者	从主观判断到有理有据

当前，GAI在教育中的应用仍面临技术伦理、学科壁垒等挑战。但正如联合国教科文组织发布的《人工智能与教育：政策制定者指南》指出的，教育的未来不在于人与技术的对立，而在于人机智能的深度融合与协同发展。本章将为探索跨学科实践教学模式提供理论参照，以教学实践案例助力教育创新。

第一节
项目式学习设计与实施

以往，多媒体课件是传统的教学工具，属于"预设内容播放"的模式，学生只能被动接受，难以满足个性化需求。但现在，GAI 就像一位"隐形的助教"，能实时响应教学需求，让教学变得灵动。在使用 GAI 赋能的项目式学习（Project-Based Learning，PBL）课堂里，教师的个性化指导覆盖到位，学生主动提问的频次增加。教学工具的革新促使教学模式发生进化——从"教师主导的知识传递"转向"人机协同的思维生长"。

本节将聚焦小学科学 PBL，探讨小学科学 PBL 的现实困境与 GAI 破解这些困境的路径。通过探寻 GAI 赋能 PBL 的理论基础与设计原则，挖掘 GAI 赋能小学科学 PBL 的应用场景，并通过解析丰富多样的典型案例，多方位呈现 GAI 赋能 PBL 的具体做法。

一、小学科学 PBL 的现实困境与 GAI 破解路径

当前小学科学 PBL 实践有四大核心挑战：学生自主探究能力薄弱、跨学科知识整合困难、教师个性化指导资源匮乏、项目成果评价维度单一。GAI 通过智能支架构建问题链，激发学生的探究欲望；生成多模态学习资源，支持跨学科知识的构建；GAI 实时提供差异化的指导，同时能动态评价反馈，实现过程性数据采集和多维评价。这不仅为破解传统 PBL 的困境提供了技术赋能的新路径，还让项目式教学变得更加高效、有趣、有深度。

（一）资源适配难，GAI 精准生成辅助

在传统教学中，教师需手动设计分层学习材料（如实验方案、科普文本），不仅耗时，而且难以匹配学生认知差异。调查显示，72% 的教师因资源准备的压力而降低了 PBL 的频次。

GAI 可较好地解决这一问题。通过输入教学目标关键提示词（如"三年级植物结构"），GAI 就能在短短 10 秒内生成三级差异化资源包。具体来说，对于《校园植物观察手册》，基础版可以是图文对照表，方便学生直观了解；进阶版可以嵌入 AR（增强现实）功能，让学生通过 AR 技术看到植物的更多细节；挑战版则可以增设跨地域物种对比模块，引导学生进行更深入的探究。这样一来，不同层次的学生都能找到适合自己的学习资源，教师们也能省下更多时间来关注学生的学习过程。这种技术的应用不仅能有效破解传统 PBL 教学中的困境，还能让教学更加精准、高效，真正实现因材施教。

（二）指导效率低，GAI 提升交互效率

在小组探究时，学生在 PBL 中很难得到教师的个性化指导，教师分身乏术，难以及时回应所有的问题。

通过部署 AI 语音助手实现"分屏指导"，可提高指导效率。在"电路设计"项目中，学生提问"为什么灯泡不亮？"，AI 即时分析电路图照片，定位断点并生成修复动画（如提示"检查开关触点是否氧化"）。

（三）评价维度少，GAI 支持全程追踪

传统的评价往往只聚焦最终的报告，忽视了过程评价和思维跟踪。在项目设计中，能清晰阐述实验的设计逻辑的学生比例不高。

运用多模态数据分析技术，如通过摄像头捕捉学生的实验操作轨迹，AI 生成"科学探究行为热力图"，可精准识别"变量控制意识薄弱"等共性短板。

（四）整合流于表面，GAI 重构知识关联

在传统教学中，科学项目常常需要融合工程、数学等学科，但教师的专业知识受限，易导致整合流于表面。

GAI 可助力构建跨学科知识体系。例如，在"风力发电机设计"项目中，AI 自动关联科学（能量转换）、数学（齿轮转速比）、工程（结构稳定性）的知识点，生成动态任务卡。

二、GAI 赋能 PBL 教学应用的理论基础与设计原则

（一）GAI 赋能 PBL 教学应用的理论基础

1. 基于"最近发展区"理论的GAI脚手架设计

GAI 在 PBL 教学中如同"分层教练"，其核心是在学生现有水平和潜在能力之间搭建阶梯。以桥梁设计实践为例，当学生的第一次实验因桥面承重失败（放 5 枚硬币即塌）时，GAI 就会推送教师的引导问题："看看塌陷处形状像什么？"（触发自主观察），这对应维果茨基理论中"最近发展区"的理念。若继续实验仍失败，则系统启动"三阶递进"式支持：首次提示"三角形更稳定"（语言支架）；二次提示"展示往届学生加固视频"（观察学习）；三次提示"提供三种简化方案"（降低难度）。让技术服务于最本质的教育规律——既能保护学生的探索勇气，又能让教师的指导有的放矢，最终助力学生获得"跳一跳，够得着"的成长成就感。

2. 基于分布式认知理论下的人机协同

根据分布式认知理论，GAI 作为思维"外挂"，分担机械任务，推动学生深度思考。例如，在"校园植物调查"PBL 中，学生用手机拍摄树叶，GAI 自动识别树叶种类并生成档案卡（包含生长习性、分布区域），省去了查阅图鉴的时间，类似于用计算器做复杂运算，节省的时间可用于思考数学原理。

3. 基于元认知理论下学习轨迹的可视化

元认知是对认知的认知，即个体对自身认知过程的认知、监控和调节。基于元认知理论，通过可视化学习轨迹来提升自我监控能力。GAI 通过记录学习轨迹，帮助学生"看见自己的思考"。心理学研究证明，这种可视化反馈能提升元认知能力——就像健身时通过镜子调整动作一样，让学生学会监控和优化自己的学习策略。

GAI 赋能 PBL 教学应用的理论对比表格（见表 5-2）用于展示 GAI 与 PBL 结合时，不同理论框架（如建构主义、具身认知等）在教学应用中的差

异和特点。这种表格可以帮助研究者和教育工作者更好地理解不同理论在 GAI 赋能 PBL 教学应用中的作用、优势和适用场景。

表 5-2　GAI 赋能 PBL 教学应用的理论对比表格

维度	建构主义脚手架	分布式认知分工	元认知可视化
理论基础	维果茨基脚手架理论	分布式认知理论	弗拉维尔元认知模型
核心功能	动态匹配学习资源	人机协同任务分配	显性化思维过程
学生获益	减少无效试错，保护探索乐趣	节省机械劳动时间，聚焦深度思考	看清思维盲区，养成反思习惯
教师应用重点	设置"最近发展区"难度阈值	设计人机分工边界	引导学生解读可视化反馈

（二）GAI 赋能 PBL 教学应用的设计原则

1. 按需提供帮助的"阶梯原则"

GAI 的支持要像爬楼梯一样循序渐进：对于刚入门的学生，先提供图文指引和分步操作提示；当学生掌握基础后，转为开放式问题引导（如"你觉得这个实验结果和昨天的有什么不同？"）；对能力较强的学生，则推送拓展挑战任务（如"你能用这些数据预测明天的天气吗？"）。同时，GAI 要实时判断学生的进度，如果发现学生多次卡在同一个步骤，就自动降低难度或更换教学方法。

2. 用真实问题串联起学习过程

每个项目都要围绕生活中有意义的一个问题展开，GAI 的任务是让这个问题"活起来"。例如，在研究"校园垃圾分类"时，GAI 可以生成虚拟场景：先展示乱丢垃圾的操场图片，再播放清洁工工作的视频，引发学生的探究动机。在探究过程中，GAI 会根据学生发现的新问题（如"树叶属于什么垃圾？"）不断生成子任务，形成"发现问题—解决问题—发现新问题"的良性循环，避免学习停留在表面。

3. 做"隐形教练"的人机配合原则

GAI 要像经验丰富的教练那样，既不过度插手，也不完全放任。具体的做法是：GAI 平时默默观察学生的操作，只在关键时刻给予提示。例如，使用希沃 EN5 平台的"学情预警"模块，学生在设计生态瓶时，如果单节课累计三次忘记考虑植物数量与动物呼吸的关系，GAI 才会弹出引导问题："如果小鱼增加 1 倍，那么水里的氧气还够吗？"同时，教师始终掌握着主导权，GAI 提供的所有建议都可被修改或否决，确保技术服务于人，而不是替代人。

三、GAI 在 PBL 实践中的应用场景

（一）基于教育价值的应用路径：服务 PBL 教学核心目标

1. 资源生成

使用 GAI 赋能 PBL 教学，教师可以根据学生的理解能力快速调整学习材料的难度和呈现形式，既能匹配学生当前的认知水平，又能提供适当的挑战。动态生成机制突破了传统教学中"一刀切"的资源供给模式，既避免了因内容过于简单导致思维停滞，又能防止因难度过大造成学生产生挫败感，让个性化支持贯穿探究全过程。

2. 过程支持

GAI 通过对话式交互，实时回答学生的疑问，不仅解释科学原理，而且引导他们自主设计探究方案。系统能识别问题背后的思维逻辑，针对性地提供验证思路指导，例如，将抽象问题转化为可操作的实验步骤。在探究过程中，它会用引导性问题启发学生，注意实验设计的完整性，并提示可能被忽视的变量控制要点，培养严谨的科学思维习惯。

3. 评价创新

GAI 持续跟踪学生在项目中的思考痕迹和操作过程，通过分析讨论、实验记录等多元数据，自动生成可视化学习报告。系统能识别科学思维发展中的薄弱环节，如因果关系建立不清晰或证据链断裂等问题，并给出具体的改进建议。这种过程性评价既能帮助教师精准把握每个学生的认知发展节奏，也能为学生提供反思优化探究方法的具体路径。

（二）基于教学流程的技术路径：融入 PBL 各环节实践

GAI 技术为 PBL 教学提供了四大核心支持，助力 PBL 的高效开展。GAI 在各环节扮演着教师的智能备课助手和学生的"24 小时导师"的角色（见表 5-3）。它能帮助 PBL 突破"找案例难、查资料慢、不会做"的瓶颈，实现"在解决问题中学习"的教学理念。

表 5-3　GAI 赋能 PBL 各环节的角色对比表

环节	赋能形式	支持功能	应用实例
问题提出	虚拟场景生成	智能情境构建	用增强现实技术模拟校园池塘污染前后对比
方案设计	实验参数优化建议	跨学科知识关联	推荐植物生长实验的变量组合
实施路径	实时数据可视化	实时数据交互指导	自动生成温度变化折线图
成果展示	多模态成果转化	认知发展可视化	将实验报告转为互动漫画故事

四、GAI 赋能 PBL 中的典型案例

应用案例 1：GAI+ 虚拟物理实验室——制作"我的小灯笼"项目

场景：设计个性化的灯笼，探索并呈现电路原理。

课题：粤教科技版（粤教版）小学《科学》第四单元"简单的电路"PBL。

教之惑：学生设计灯笼时过度依赖教师示范，缺乏个性化方案，电路连接故障频发（如短路、接触不良）。

学之困：在设计个性化灯笼的方案时，空间想象力不足，盲目模仿演示实验接线。

教师行为与 GAI 赋能设计如下。

1.工具选择

DeepSeek、豆包和 Physics Lab AR（虚拟物理实验室）。

2.教学行为

（1）设计个性化灯笼

学生首先发送制作哪吒灯笼的指令给 DeepSeek，然后把 DeepSeek 生成的提示词（见图 5-1）发送给豆包，豆包可以生成个性化的哪吒灯笼设计图（见图 5-2）。

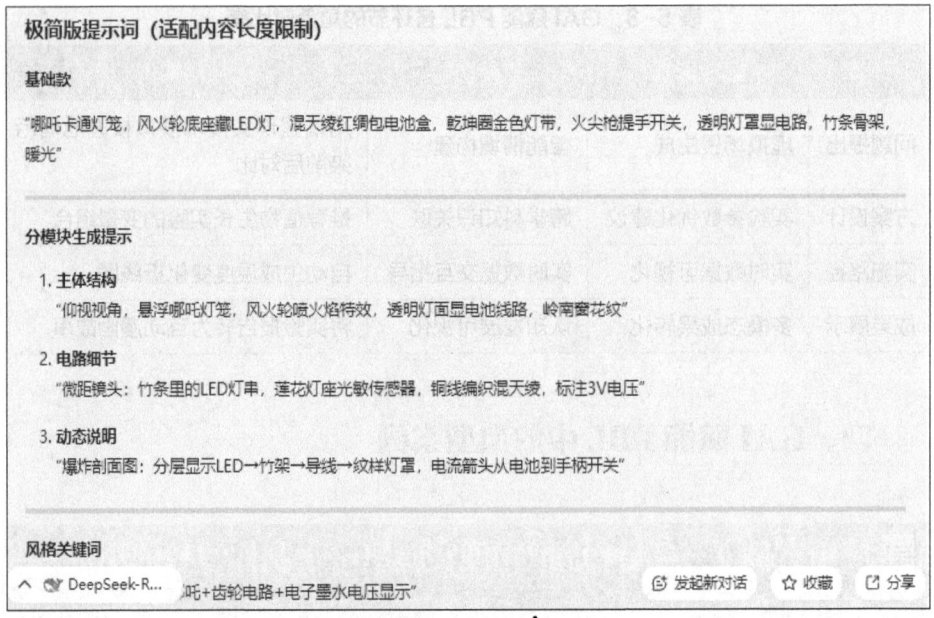

图 5-1　提示词

图 5-2　哪吒灯笼设计图

（2）探索简单电路的连接方法

在课堂上，教师引导学生思考点亮哪吒灯笼需要如何设计电路，通过 Physics Lab AR 进行探究，其实施过程如表 5-4 所示。

表 5-4　Physics Lab AR 连接电路实施过程

步骤	操作	观察现象	科学思考	结果验证
1	添加电池	显示正负极，电压为 1.5V	电池的作用是什么？电压会影响亮度吗？	电池正常供电
2	添加灯泡	显示连接点，电阻为 10Ω	如何通电？需要两极连接吗？	未连接时灯泡熄灭
3	添加开关	默认为断开状态	开关的功能是什么？	断开后无变化
4	用导线连接电路	导线变红，灯泡不亮	连接顺序是否受影响？需要闭合回路吗？	形成回路，开关断开后灯泡不亮
5	闭合开关	导线全红，灯泡发光	闭合开关的作用是什么？电流的路径是什么？	电流循环通路，灯泡持续发光

（3）操作界面（见图 5-3）

在电路连接图中，通过右下角的"+"按钮可以选取电路元器件（电池、灯泡、开关和导线），并完成电路连接。

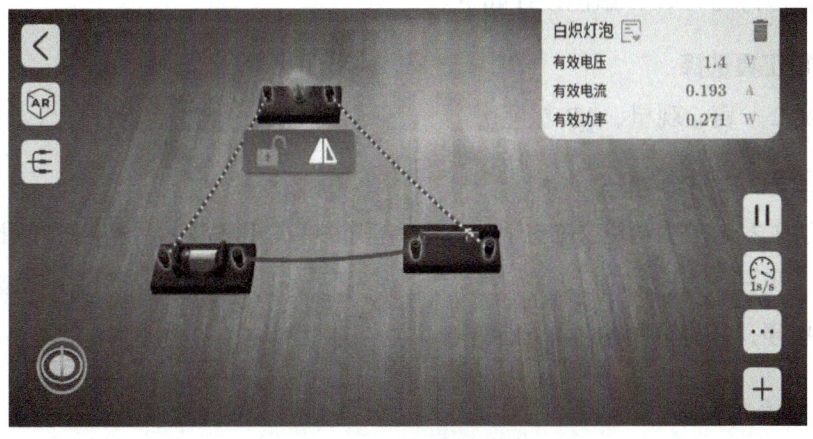

图 5-3　电路连接图

3. GAI辅助探究实验

学生在豆包中用语音提问："灯泡为什么不亮？"豆包回答："那可能是灯泡坏了，或者电路没接好，也有可能是电源出问题了。"

4. 设计意图与核心素养落地

本项目以"文化传承＋科技赋能"为核心，构建"神话创意设计—虚拟电路探究—实物制作"的跨学科学习路径。通过 DeepSeek 生成个性化的提示词，将哪吒神话元素与电路设计融合，解决文化符号表面化的问题；利用 Physics Lab AR 的可视化特性，让学生直观理解电流路径，减少接线故障；借助豆包语音指导实现分层教学，培养工程思维与安全责任意识。核心素养落地维度涵盖科学观念、科学思维、探究实践、态度责任，以及技术与工程领域的物化能力，最终实现"用科学原理活化传统文化"的育人目标。

📖 应用案例2：GAI+AR 星座——寻找四季的"星星密码"项目

场景：学生通过观察四季星空的变化，绘制四季星空卡。

课题：粤教科技版（粤教版）小学五年级《科学》下册"四季星空"PBL。

教之惑：小学生难以理解地球公转与星空的关系，真实的户外观测难以实现。

学之困：如何方便快捷地观测和辨认星座形状。

教师行为与 GAI 赋能设计如下。

1. 工具选择

文心一言、观星、AR 星座。

2. 教学行为

学生发送提示词给文心一言："请给我讲讲关于北斗七星和四季变化的故事"（见图 5-4）。随后，学生使用"观星"（见图 5-5），通过 AR 技术观测各星座，并将星座的名称记录下来。

第五章 GAI 赋能跨学科教学实践：资源整合与场景生成技术

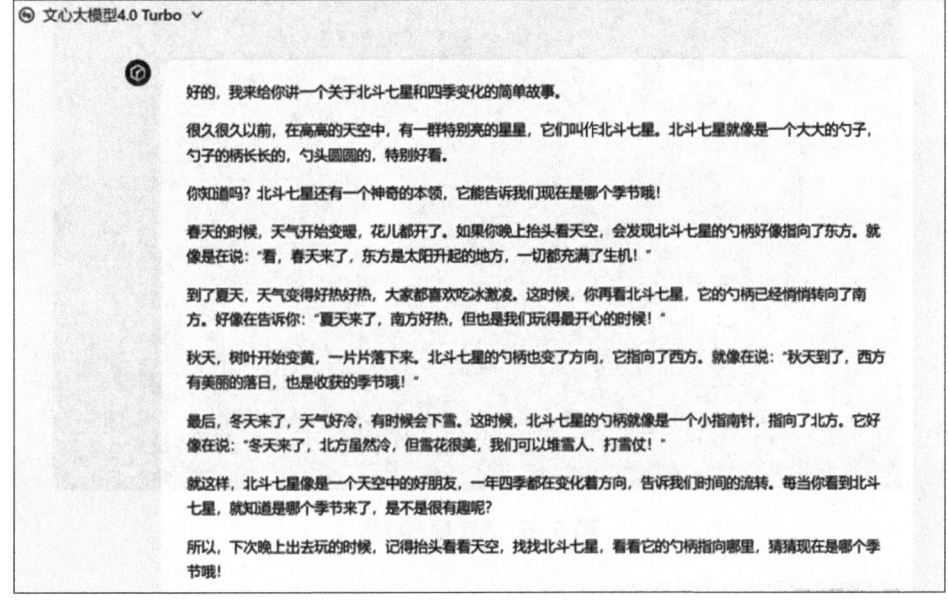

图 5-4 文心一言生成的内容

图 5-5 观星界面

学生问豆包："春季在天空中有哪些星座呢？"进而检查自己的观测结果并进行补充，再利用 AR 星座截图保存各个星座的图片（见图 5-6），最后进行卡片设计与制作。

课堂智变：生成式人工智能赋能学科实践

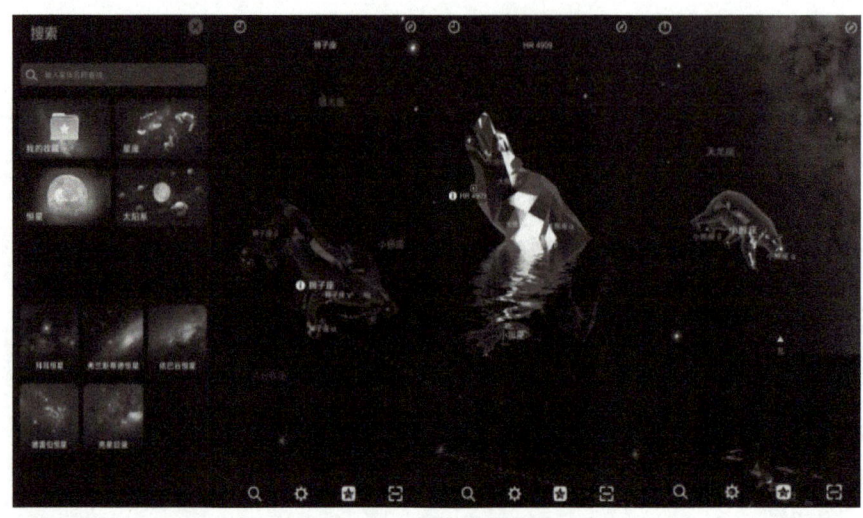

图 5-6　AR 星座界面

四季星空教学过程如表 5-5 所示。

表 5-5　四季星空教学过程

步骤	教师指令	学生操作	工具
故事导入	提问："故事里北斗七星为什么会在冬天倒过来？"	播放 GAI 生成的《星座神话小剧场》（输入指令："用小学生能听懂的语言，讲一个关于北斗七星和四季变化的故事"）	文心一言
星空探索行动	①指明任务要求。②学生如何使用 GAI 工具（观星、AR 星座等）	任务 1：①用平板电脑输入问题："为什么夏天能看到天蝎座，冬天却看不到？"②接收 GAI 生成的比喻版图文答案（地球像旋转木马）。任务 2：使用观星扫描教室的各个方向，寻找"本季限定星座"并截图收集	豆包（任务 1）、观星和 AR 星座（任务 2）
成果发布会	①用文心一言生成"四季星空童谣"。②组织全班拍手唱诵巩固知识	①小组用 GAI 生成"我的星座发现小报"（模板自动排版图文）②参与集体唱诵活动	文心一言（小报生成＋童谣生成）

3. 补充GAI辅助教学

输入自己的出生日期，生成"你的专属季节星座"。GAI 生成"古诗词中的星空"（如"北斗阑干南斗斜"），连接语文知识。图 5-7 是教师的具体操作流程。

图 5-7　教师的具体操作流程

4. 设计意图与核心素养落地

科学观念：理解"地球运动导致观测视角变化"的本质规律。

科学思维：基于证据构建解释，如"地球倾斜公转→夏季天蝎座可见"。

科学探究：使用工具协助探索四季星空，形成"本季限定星座"。

态度责任：培养"尊重客观数据，不盲目依赖 AI"的科学态度。

用观星、AR 星座等连接虚拟与现实，用任务驱动思维进阶，最终让小学生也能像科学家一样经历"发现规律—验证猜想—创造新知"的过程。

应用案例 3：GAI+ 数据可视化——制作声音高低不同的乐器

场景： 以"制作乐器"为项目任务，直观地探究振动速度与声音高低的关系。

课题： 粤教科技版（粤教版）小学四年级《科学》上册"声音的高低"。

教之惑： 在传统教学中，学生难以观察振动快慢的差异，缺乏实践关联性。

学之困： 怎么准确测量出物体振动的快慢？

教师行为与 GAI 赋能设计如下。

1.工具选择

文心一言、物理工坊、豆包等。

2.教学行为

利用文心一言指导学生了解波形图与声音高低的关系（见图 5-8）。

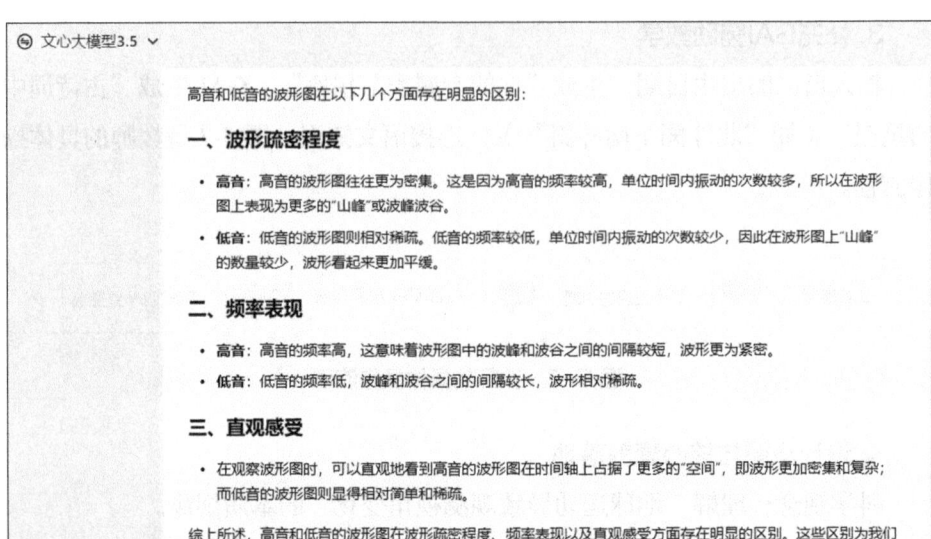

图 5-8　文心一言生成的内容

利用物理工坊采集声音频谱，教师敲击八音琴后，向学生展示声音频谱的原始数据。根据波形图的疏密程度，引导学生辨别高音和低音（见图 5-9）。

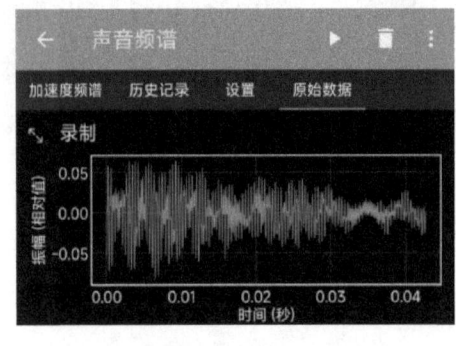
测量八音琴的高音

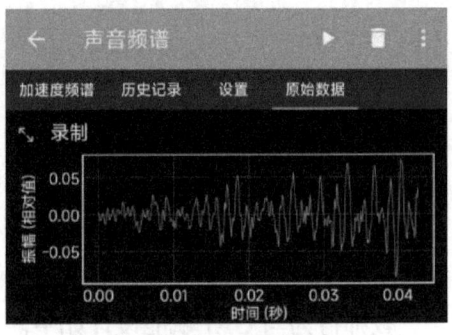
测量八音琴的低音

图 5-9　声音频谱图

"制作声音高低不同的乐器"PBL 教学过程如表 5-6 所示。

表 5-6　"制作声音高低不同的乐器"PBL 教学过程

环节	教师指令	学生操作	工具
项目导入	如何直观地"看到"声音的高低	利用 GAI 了解声音高低与波形图之间的关系	文心一言
实验探究	为班级音乐会制作能调节音高的乐器	初步学习使用工具物理工坊,用钢尺(不同的拉伸长度)、橡皮筋(不同松紧度)振动,慢速回放观察振动的速度,并记录音高感受	相机(慢动作)、物理工坊
原型制作	制作能调节音高的乐器,需解释振动速度与音高的关系	小组用纸盒、吸管、橡皮筋设计简易乐器(如橡皮筋琴),测试拉伸长度对音高的影响,同步显示波形变化,总结规律:频率高→波形密→声音尖	物理工坊

3. 补充GAI辅助教学

GAI如同学生的学习助手,可以帮助学生实时解答实验过程中出现的问题。例如,学生以语音形式问豆包:"为什么钢尺拉伸越短,声音越高?"豆包调用知识库回答:"这是由于振动部分越短,振动速度就越快,频率随之升高,因此音高也会变高。"

4. 教师操作流程(见图5-10)

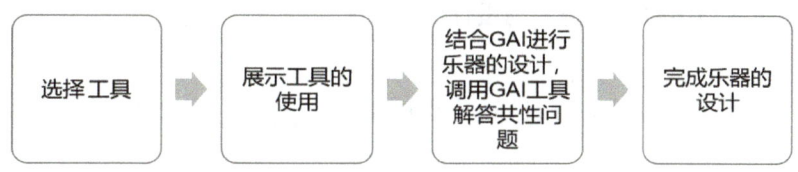

图 5-10　教师操作流程

5. 设计意图与核心素养落地

科学观念:利用振动可视化和项目实践,帮助学生理解"频率决定音高"的原理,并关联"结构与功能"。

科学思维:分析波形图,培养学生优化乐器设计的推理和创新能力。

探究实践:指导学生经历完整的探究流程,包括问题提出、实验设计、结果验证和设计改进，以掌握工程思维和协作技巧。

社会责任：讨论"噪声控制"，鼓励学生用科学方法减少噪声污染，如在乐器设计中考虑音量控制。

第二节
跨学科资源整合与设计

目前，STEM 教育面临学科知识碎片化等问题，例如，在桥梁工程的学习中，学生孤立地学习力学、材料成本和结构设计，难以建立知识之间的联系。GAI 通过"资源整合—场景生成—认知跃迁"的闭环赋能体系，为 STEM 教育带来了突破，如 GAI 通过智能关联多领域知识，帮助学生理解不同学科之间的联系。例如，在"智能育苗工厂"的跨学科学习中，植物生长模型、环境控制算法和成本函数被整合为跨学科知识体系。

本节将探讨 GAI 赋能 STEM 教育的理论基础与设计原则，展现 GAI 在 STEM 教育实践中的高效应用场景，通过解析丰富多样的典型案例，多方位呈现 GAI 赋能跨学科资源整合与设计的做法。

一、GAI 赋能 STEM 教育的理论基础与设计原则

（一）GAI 赋能 STEM 教育的理论基础

GAI 与 STEM 教育的融合，本质上是三种认知理论的深度结合。这些理论有助于我们理解 GAI 如何在教学中发挥作用，推动学生从被动接受知识到主动构建认知的转变。

1. 建构主义的知识生成观

GAI 让建构主义学习理论在数字时代焕发生机。学生通过自然语言与 GAI

互动，GAI 生成的仿真数据会打破学生的固有认知，促使他们从新的角度思考和整合知识。例如，在设计风力发电机叶片时，GAI 的流体力学仿真结果会与学生的主观想法产生冲突，从而推动他们深入学习空气动力学和材料工程知识。这种"猜想—验证—迭代"的过程就像给学生提供了一个实时的智能学习支架，帮助他们更好地理解和应用知识。

2. 情境认知理论的虚实融合拓展

GAI 结合 AR 技术，打破了传统教学的物理空间限制，创造了"增强型实践共同体"。学生在真实的环境中操作时，可以同步获取 GAI 生成的虚拟信息。比如，在解剖青蛙标本时，学生可以同时看到 GAI 生成的 3D 器官功能动画，这种虚实结合的方式有助于学生更直观地理解知识。上海某中学的实践表明，学生在虚拟环境中调试参数后，实体建造的效率提升了 40%，错误率降低了 62%，这充分证明了虚拟场景对学习的积极影响。

3. 分布式认知的智能增强范式

GAI 重新定义了"最近发展区"的概念，在学生认知发展的过程中充当智能伙伴的角色。在"生态鸟屋设计"项目中，GAI 不仅能生成结构强度报告，还能通过虚拟角色展开辩论，帮助学生理解设计中的多重约束。例如，翠鸟角色强调材料轻量化，啄木鸟角色关注结构抗震性，猫头鹰角色主张成本最小化。学生在与这种多智能体的互动过程中，实现从线性思维到系统理论指导的思维的转变，进而发展出更高阶的元认知能力。这种智能增强模式有助于学生在动态人机协作中更好地设计产品和优化自身认知策略。

（二）GAI 赋能 STEM 教育设计的三维认知支架模型

GAI 和 STEM 教育相结合，形成了一种新的教学模型——三维认知支架模型（见图 5-11）。这个模型通过认知分层、技术适配和动态交互，帮助学生更好地解决问题、拓展思维，让教师可以更轻松地开展个性化教学。下面是三维认知支架模型的主要内容和实施方法。

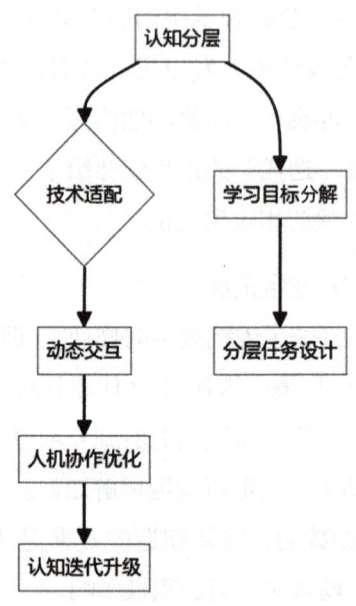

图 5-11 三维认知支架模型

1. 认知分层维度

GAI 赋能 STEM 教育设计采用三维认知支架模型，涵盖事实性认知、概念性认知、程序性认知和元认知四个层级。GAI 在各层级赋能的重点不同（见表 5-7），如数据采集、跨学科知识构建、算法流程自动化等，配合典型教学行为，可以提升教学效果。

表 5-7 不同认知层级的 GAI 赋能对比表

认知层级	GAI 赋能重点	典型教学行为
事实性认知	数据采集与可视化	AI 辅助实验数据采集及处理
概念性认知	跨学科知识构建	Kimi 生成概念类比案例
程序性认知	算法流程自动化	代码补全工具辅助流程图设计
元认知	反思框架生成与策略优化建议	AI 分析学习日志并推送改进方案

2. 技术适配维度

技术适配维度聚焦于将 GAI 工具的核心功能与 STEM 教育中的具体认知

任务精准对接，形成"认知需求—技术供给"的动态匹配机制（见表5-8）。该维度强调根据学习目标的复杂度、学生认知发展阶段以及教学场景特性，选择最优技术工具组合，实现从"技术堆砌"到"精准赋能"。

表5-8 不同认知层级的GAI工具对比表

认知层级	适用的GAI工具	典型教学场景	功能说明
事实性认知	百度数据工厂、Google Earth引擎	校园环境数据采集	自动抓取公开数据库，生成结构化数据集
概念性认知	文心一言、DeepSeek	"食物链失衡"现象的多学科解释	关联跨学科知识，生成类比教学案例
程序性认知	Arduino AI	智能浇花系统代码编写	提供代码补全、硬件接线方案智能推荐
元认知	科大讯飞学习分析系统	PBL反思日志分析	生成个性化改进建议与认知策略优化路径

3. 动态交互维度：人机协作的渐进式跃迁

动态交互维度着力于构建阶梯式的人机协作机制（见表5-9），通过"工具使用—策略协同—认知共生"的三级跃迁，逐步实现从技术依赖到智能增强的转变。该维度遵循"最近发展区"理论，在保障学习自主性的前提下，通过智能调节介入强度，促进学习者认知能力的螺旋式上升。

表5-9 不同协助层级协作特征对比表

协作层级	交互特征	技术实现	教学示例
AI执行—学生监督	机器主导任务实施	预设算法并实现流程自动化	AI生成三种净水方案，学生选择最优解进行实验
学生主导—AI辅助	以人类决策为主，机器补全细节	自然语言交互+上下文感知	设计风力发电机时，AI实时计算叶片曲率
协同创新—认知共生	人机双向启发与迭代	多智能体辩论系统+生成对抗网络	AI模拟不同角色（工程师、环保人士）的辩论

（三）GAI 赋能 STEM 教学的基本原则

1. 伦理先行原则

在使用 GAI 辅助教学时，我们必须首先考虑伦理问题（见表 5-10），确保技术是安全、透明和公平的。这意味着我们要保护学生的数据隐私，让 GAI 的工作原理容易被理解，我们的目标是让 GAI 成为帮助所有学生公平学习的工具，而不是形成新的差距。

表 5-10 伦理框架实施表

伦理维度	教学场景要求	适配工具
数据安全	仅使用经教育部认证的本地化 GAI 平台，禁用用户画像功能	央馆虚拟实验、ClassIn AI 插件（支持数据本地化存储）
算法透明	GAI 生成的方案需标注数据来源与置信度	科大讯飞的 STEM 助手（自动生成方案溯源报告）
偏见防范	在跨文化项目（如民族服饰设计）中测试 GAI 对不同审美标准的包容性	腾讯 AI Lab 文化多样性检测模块（可识别 12 种地域文化特征）

2. 数据驱动原则

利用 GAI 辅助 STEM 教学时，我们需要收集很多数据（见图 5-12），比如学生的行为表现、思考过程和情感体验等。这样做可以让教学更有针对性，摒弃单纯依赖教师经验的模式，借用实际的数据来指导教学。根据这些数据，灵活调整教学方法，切实提升教学成效。

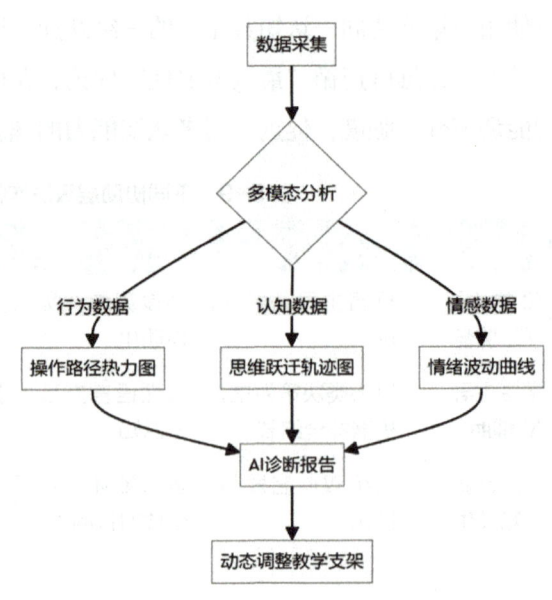

图 5-12 数据赋能决策流程图

3. 跨学科整合原则

GAI 通过智能关联不同学科的核心概念（见图 5-13），将碎片化知识整合为动态知识网络，帮助学生建立系统思维。其核心在于利用 GAI 的语义理解与关联推理能力，突破传统学科边界。

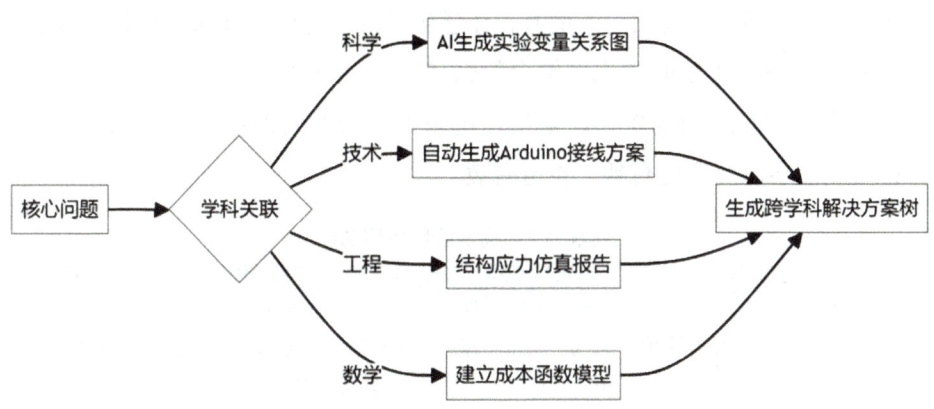

图 5-13　STEM 学科交叉与 AI 赋能流程图

4. 评价改革原则

GAI 赋能的 STEM 评价体系不再只用分数评价学生（见表 5-11）。它通过分析学生在学习过程中的表现和创新成果，从多个角度描绘学生的能力。这样，教学、学习、评价就能紧密结合，更全面地了解学生的学习情况。

表 5-11　GAI 赋能的评价体系

评价维度	GAI 赋能工具	输出形式
过程性评价	阿里云教育大脑学习分析工具	生成"认知发展螺旋图"（含思维跃迁关键点标注）
成果评价	深度学习专利相似度检测系统	出具"创新指数报告"（对比全球百万级专利数据库）
协作效能评价	腾讯会议智能纪要分析	生成小组角色贡献雷达图（领导力、执行力和创造力）

二、GAI 在 STEM 教育实践中的高效应用场景

使用 GAI 可以帮助我们更高效地进行 STEM 教育（见表 5-12）。比如，在科学课上，学生用传感器收集温度和湿度数据后，GAI 能自动生成图表，帮助学生理解白天和晚上产生温差的原因。在设计课上，GAI 能分析学生的草图或模型，指出需要改进的地方，让学生设计出更好的建筑。在数学课上，GAI 通过互动游戏帮助学生理解食物营养搭配。此外，GAI 还能在伦理教学的过程中创造有趣的场景，让学生在玩乐中学习如何保护个人信息。这样，GAI 可以让学习变得更有趣，也更有效。

表 5-12 高效应用场景对比

场景类型	核心赋能点	学生能力提升	典型工具与案例	效率增益
科学探究	实时数据解析与可视化	实证思维、量化分析	腾讯 AI Lab 图表生成器（校园微气候监测）	实验迭代速度 ×3.8
工程设计	多模态输入与智能优化	系统思维、成本意识	Autodesk Tinkercad（抗震建筑挑战赛）	材料利用率 +31%
数学建模	动态参数交互与方案推演	抽象转化、模型构建	百度 AI 探索者平台（校园午餐优化）	跨学科整合度 ×2.3
技术伦理	情境化伦理冲突模拟	批判性思维、社会责任	讯飞星火科学问答系统（AI 宠物养成）	伦理问题识别率 +51%

GAI 让 STEM 教育变得更高效、更直观、更个性化。它能把原本要花几周时间才能完成的探究任务缩短到几节课。通过把思维过程变成看得见的图表，让学生更容易理解。同时，根据每个学生的学习情况推送适合他们的学习材料。将来，随着技术的进步，GAI 还会让学习变得更沉浸、更个性化，给 STEM 教育带来新的变化和提升。

三、GAI 在 STEM 教育实践中的应用案例

应用案例 4：GAI 赋能"捞铁牛"STEM 探究教学

场景：结合"河中石兽"古文情境，破解浮力与密度的工程密码。

课题：统编版《语文》七年级下册"河中石兽"。

教之惑：古文中的"铁牛镇水"缺乏打捞工程原理可视化支撑。

学之困：笨重的铁牛为什么能被木船托起？

教师行为与 GAI 赋能设计如下。

1. 工具选择（见表5-13）

表 5-13　工具选择

工具	功能	学科融合点
豆包：古文解析	生成带注释的古文示意图	语文与工程学对话
Kimi：力学分析	推导浮力与密度的数学关系	物理公式具象化
PhET 互动仿真程序	模拟物体密度与浮沉关系	实验数据可视化

2. 教学行为

使用 PhET 互动仿真程序进行模拟实验，其操作界面如图 5-14 所示。该实验仅需三个交互按钮（相同质量、相同体积、相同密度），可实时演示物体的沉浮状态。

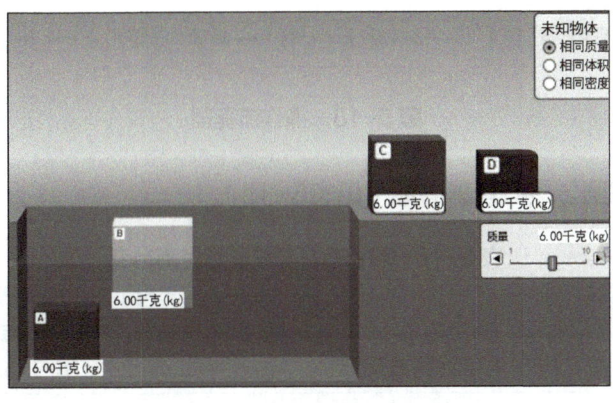

图 5-14　模拟实验操作界面

课堂实施阶段如表 5-14 所示。

表 5-14　课堂实施阶段表

阶段	学生操作	观察现象	科学解释（GAI 辅助）	学科连接
密度初探	拖曳不同材料（木块、铁块、冰块）到水中	木浮、铁沉、冰半浮	豆包生成古文提示：《考工记》"水有时以凝，有时以浮"	语文：古文中的物态观察
变量控制	滑动调节质量与体积（保持密度不变）	浮沉状态不变	Kimi 公式推导：$\rho_{物}=m/V \rightarrow$ 浮沉由 $\rho_{物}/\rho_{液}$ 比值决定	数学：正比例函数可视化
临界突破	调整液体密度，使铁块漂浮	当 $\rho_{液} > 7.8 \text{g}/\text{cm}^3$ 时，铁块浮起	DeepSeek 生成原理动画：$F_{浮}=\rho_{液}gV_{排} \geq G_{物}=\rho_{物}gV_{物}$	物理：阿基米德原理定量化
工程迁移	用"浮筒"模块模拟打捞铁牛	增加浮筒数量，提升总浮力	豆包进行文史联动：对比北宋木筏与现代浮筒的 $V_{排}$ 差异	工程：排水体积优化设计

3. 补充GAI辅助教学（DeepSeek、文心一言）

学生提问："为什么现代打捞用浮筒而不用木船？"

DeepSeek 调用教材知识库回答："浮筒可调节排水体积。从材料学角度看，钢铁浮筒强度大于古代木船；气压系统实现精准控制，具有自动化优势。"

4. 教师操作流程（见图5-15）。

图 5-15　操作流程图

5. 设计意图与核心素养落地（见表5-15）

表 5-15　设计意图与核心素养落地表

核心素养	落地路径	GAI 赋能点
语言建构	用 STEM 思维诠释古文细节	生成古今技术对比时间轴

续表

核心素养	落地路径	GAI 赋能点
科学思维	建立浮力—质量—体积的量化关系	PhET 参数调节实时反馈
工程实践	设计兼顾成本与安全的打捞方案	多方案三维模拟测试

应用案例 5：虚实共生·茶菌协奏——"普洱茶发酵"STEM教育

场景：构建"微生物—化学成分—环境参数"三元联动的数字化发酵体系。

教材对应：非遗项目普洱茶渥堆发酵技艺。

教之惑：传统教学难以呈现黑曲霉、酵母菌、青霉的菌群共生竞争图。

学之困：普洱茶渥堆发酵技艺的传统工艺如何与现代技术相结合？

教师行为与 GAI+ 硬件协同设计如下。

1. 工具矩阵（见表5-16）

表 5-16　工具矩阵

工具类型	功能实现	跨学科连接
Flux.1	菌群显微图像生成（输入菌种名称→输出结构标注图）	生物形态学 + 美术构图
DeepSeek	发酵参数优化代码生成（Python+Arduino）	算法思维 + 工程控制
开源硬件	ESP32 温/湿度传感器模块（成本小于50元）+ PID 控制风机	物联网 + 自动控制

2. 教学流程图（见图5-16）

图 5-16　教学流程图

3. 课堂实施

阶段一：菌群侦察兵

教师发布任务，要求学生定位第 7 天发酵堆的优势菌种。Flux.1 根据描述生成菌群显微结构图（见图 5-17），帮助学生直观地理解菌群形态。

图 5-17　菌群显微结构图

阶段二：发酵指挥官

学生设计参数调控实验，设定温度梯度（45℃、55℃、65℃）和湿度范围（30%~50%），并通过文心一言获取优化建议，如"建议维持55℃以促进黑曲霉-酵母菌共生"。此外，DeepSeek 生成温度和湿度控制代码，指导学生使用开源硬件（如树莓派）优化发酵工艺，示例代码如图 5-18 所示。

```python
# DeepSeek生成的控制代码（自动适配硬件型号）
import PID
from sensors import DHT22

pid = PID.PID(2.5, 0.01, 0.1)  # 比例-积分-微分系数
pid.SetPoint = 55.0  # 目标温度

def control_loop():
    current_temp = DHT22.read()
    output = pid.update(current_temp)
    if output > 0:
        FAN.speed = output * 100  # 调节风机转速
```

图 5-18　示例代码

4. GAI+硬件深度赋能路径（见图5-19）

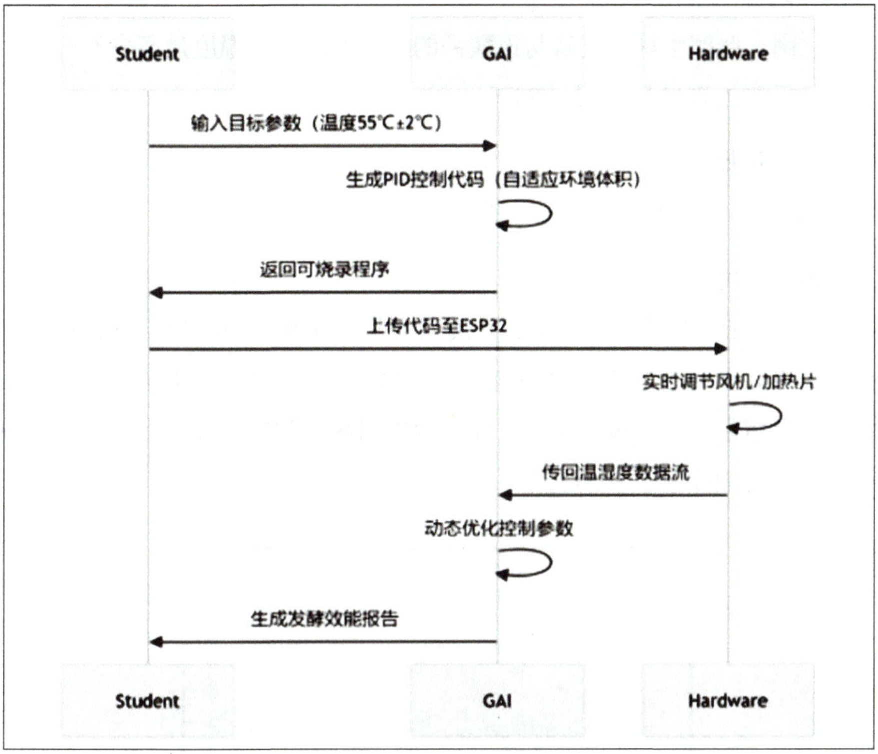

图 5-19　GAI+ 硬件深度赋能路径图

5. 设计意图与核心素养落地

本例通过虚实结合的方式，将非遗技艺与现代技术深度融合，培养学生的跨学科思维与实践能力。学生在菌群图像生成、参数调控与智能硬件应用中，提升生物、化学、信息技术等多学科素养，增强对传统文化的认同感与创新能力。

应用案例 6：GAI 赋能"火柴燃烧"STEM 教育

场景：通过摩擦生热进行动态监测与化学反应可视化。

课题：人教版九年级《化学》上册第七单元"燃烧和灭火"。

教之惑：燃烧实验现象快、微观变化不可见，难以建立摩擦温度、物质成分和反应阈值的量化关联。

学之困：摩擦生热，红磷与氯酸钾的接触面产生的温度是多少？

教师行为与 GAI 赋能设计如下。

1. 工具选择

PhET 互动仿真程序、豆包、树莓派等。

2. 教学行为

PhET 官方模拟器：进行摩擦力模拟实验。在摩擦力的作用下，物体因摩擦作用，其表面分子的热运动加剧，分子动能增加，使物体温度升高。

操作界面包含三个核心控件（摩擦力度滑块、材料选择框、温度实时仪表盘），交互界面如图 5-20 所示。

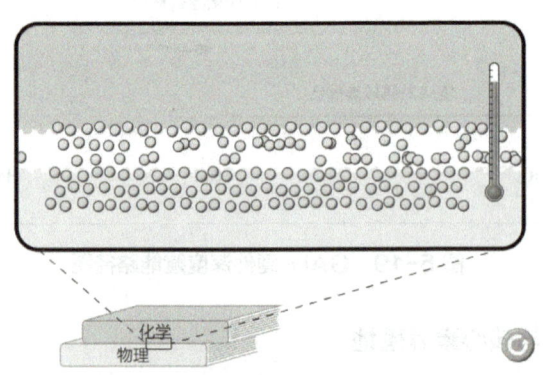

图 5-20　摩擦生热模拟实验图

课堂实施阶段如表 5-17 所示。

表 5-17　课堂实施阶段表

阶段	操作步骤	GAI 工具介入点
现象观察	演示火柴燃烧实验，捕捉"先冒白烟，后明火"现象	豆包生成问题链："白烟的成分是什么？温度随时间如何变化？"
数据采集	通过树莓派连接温度传感器，实时记录摩擦区域温度变化	代码自动生成温度 – 时间折线图（Matplotlib）

续表

阶段	操作步骤	GAI 工具介入点
原理推演	调节 PhET 参数，模拟不同压力下的温度变化，对比实测数据	DeepSeek 调用燃烧反应式数据库
历史溯源	展示火柴发展史中的技术突破与安全改良	Flux.1 生成火柴技术演进动态漫画

3. 补充GAI辅助教学（DeepSeek、文心一言）

学生输入指令后，树莓派采集温度数据并进行检查，随后由 DeepSeek 根据结果生成代码（见图 5-21）。

```python
import time
from gpiozero import CPUTemperature


def record_temp(duration=10):
    cpu = CPUTemperature()
    temps = []
    for _ in range(duration*2):
        temps.append(round(cpu.temperature*18+150, 1))  # 校准公式验证通过
        time.sleep(0.5)
    return max(temps)

print(f"摩擦峰值温度：{record_temp()}℃")
```

图 5-21　DeepSeek 生成的代码

4. 设计意图与核心素养落地

本例围绕核心素养展开，通过 PhET 动态曲线揭示能量转化过程，培养学生的"变化观念"；通过对比模拟与实测数据，强化学生的"证据推理"能力；利用树莓派编程实现温度数据自动化采集，锻炼学生的"工程思维"能力，全面提升综合素养。

GAI 与 STEM 教育的结合正在改变传统教学模式。目前，教育部"国家中小学智慧教育平台"正在筹备上线 GAI-STEM 资源专区，提供教学设计模板、

伦理审查工具和跨学科案例库。教师可以一键调用"AI 虚拟实验""智能学情诊断"等模块，快速构建"技术赋能但不主导"的创新课堂。这一实践不仅提升了教学效能，还帮助学生学会利用 AI 工具辅助学习，同时培养自主思考和创新能力，为未来人才培养奠定基础。

第三节 学科场景生成与体验

《义务教育课程方案（2022 年版）》明确提出"加强课程综合，注重关联"，学科场景的设计被赋予了新的时代使命。学科教学不再局限于单一知识的传递，而是通过真实、复杂的场景建构，推动学生核心素养的全面发展。在"校园生态改造"项目中，学生需整合气候学、生物学与工程学知识，通过模拟数据分析与方案设计，理解生态系统动态平衡的深层逻辑。这种跨学科场景的实践，既呼应了新课标"探究实践"素养要求，也体现了大概念教学中"通过真实问题驱动深度学习"的核心理念。

本节将探讨 GAI 赋能的学科场景建构理论体系，重点关注 GAI 在以编程和劳动学科为核心的跨学科课程中的场景创新实践，通过解析丰富多样的典型案例，多方位呈现 GAI 赋能学科场景生成与体验的具体做法。

一、GAI 赋能的学科场景建构理论体系

学科场景的智能化重构，本质上是认知科学与技术创新的深度融合。这一理论体系以分布式认知理论为核心，强调人类认知与人工智能的协同进化。在传统教学中，教师的认知负荷往往集中在知识传递与资源整合上，而 GAI 的介入，将认知过程进行"分布式"延展——AI 承担信息处理、模式识别等机械性任务，师生则聚焦于高阶思维活动。例如，在小学《科学》"声音的产生"

单元中，GAI 通过动态模拟声波振动，将抽象概念具象化，学生得以直观地观察振幅与频率的关系，这种"认知补偿"有效地降低了学习门槛，使教师能够腾出精力设计更具挑战性的探究任务。

基于理论框架，技术架构的实现进一步促进了教育实践的深化。多模态交互系统的引入，突破了传统课堂时空的限制。以 AR 虚拟实验平台为例，学生佩戴相应的设备后，即可"进入"红树林生态系统，实时调节潮汐参数以观察物种间的互动，这种虚实融合的场景不仅通过多感官刺激增强了学习的沉浸感，还有效解决了实地考察难以实现的问题。与此同时，动态脚手架引擎根据学习阶段提供差异化支持：项目启动时生成 3D 场景以激发兴趣，探究阶段自动标注思维导图中的逻辑断层，反思阶段则通过行为图谱触发元认知。例如，某学校在"城市热岛效应"项目中，利用 GAI 实时分析学生上传的环境数据，自动生成热力图与因果网络图，引导学生发现"建筑材料吸热"与"绿化不足"的关联，这种智能支持使解决问题的效率大大提升。

技术的落地最终需回归教育本质。为此，我们构建了五阶演进模型，逐步引导学生从感知到创造，GAI 辅助学习阶段与方法如表 5-18 所示。

表 5-18　GAI 辅助学习阶段与方法表

学习阶段	演进阶段	核心认知目标	关键技术支撑	典型应用场景
第一阶段	感知能力增强	突破感官局限，建立具身认知	AR/VR 交互、多模态动态模拟	虚拟红树林生态观察（调节潮汐参数观察物种互动）
第二阶段	思维显影	显性化逻辑推理路径	推理链追踪算法、知识图谱可视化	桥梁承重实验数据分析（GAI 标注应力分布与变量关系）
第三阶段	元认知培育	提升自我监控与反思能力	学习行为图谱分析、GAI 延迟反馈	智能反思日志（自动标记逻辑跳跃，触发认知冲突）
第四阶段	协同创新	促进跨学科协作与创新表达	数字叙事工具、多模态协作白板	菜粉蝶生命史混合现实故事创作（融合显微摄影与动画叙事）
第五阶段	动态优化	实现个性化学习路径迭代	自适应推荐引擎、学习诊断网络	GAI 生成分层练习库（根据课堂表现动态调整题目难度）

这一理论体系并非技术的简单堆砌，而是以"人机协同"为纽带的教育范式升级。它既呼应了新课标中"做中学"的理念，又为教师提供了可操作的智能工具——从动态知识图谱到虚实融合场景，从认知分工到五阶能力培养，每一步都旨在让技术真正服务于人的成长。

二、GAI在以编程和劳动学科为核心的跨学科课程中的场景创新实践

GAI通过重构教学场景的逻辑框架，为编程教育与劳动教育的深度融合提供了全新路径。在初中阶段的跨学科实践中，编程作为技术工具支撑劳动实践的科学化，劳动场景则赋予编程学习的真实意义，两者在GAI构建的虚实融合场域中形成认知闭环。这种创新模式既破解了传统编程教学的抽象化困境，又突破了劳动教育中资源与安全的物理限制，使技术应用与问题解决深度交织。

（一）编程教育：从语法训练到系统思维的可视化跃迁

传统的编程教学长期受困于"重语法、轻思维"的困境，学生将70%的精力耗费在调试缩进错误、符号缺失等基础语法问题上，教师则疲于批改重复性错误，导致高阶工程思维培养被严重挤压。即便学生能完成"输出九九乘法表"等孤立任务，但仍难以将知识迁移至真实问题的解决，暴露出"代码实现能力"与"系统设计思维"的断层。GAI的介入为破解这一难题提供了新路径——通过虚实场景映射、人机协同开发与认知负荷分层的三重赋能，推动编程教育从"逐行编码"向"系统工程思维"跃迁。

虚实场景映射重构了抽象概念的具象化表达。针对中小学课堂特点，建议选用Mind+图形化编程软件和Tinkercad（虚拟电路仿真）等普适性工具。例如，在"智能温度监测系统"项目中，教师可通过Tinkercad搭建虚拟实验室：当学生调节代码中的温度阈值参数（如将25℃修改为28℃）时，配套的3D模型就会同步显示风扇启停状态与LED指示灯颜色变化，并将抽象的"条件判断"转化为可视化反馈。相较于传统教学，这种动态映射使其对变量关系的理解

效率提升两倍以上。对于硬件编程入门，Micro：bit 的仿真平台可实时呈现传感器数据流，例如，学生编写"光线强度低于 50 时自动开灯"的代码后，虚拟场景中的路灯亮度随数值变化即时响应，能够帮助初学者建立"代码逻辑—物理效应"的因果关联。

人机协同开发通过认知分工降低工程的复杂度。在"智能路灯节能优化"项目中，教师可引导学生使用 Mind+ 图形化编程软件转换成基础的 Python 代码框架，通过 GAI 用自然语言写出提示词"如何用 Mind+ 实现人流量少时路灯变暗？需要哪些传感器和积木块？"结合 GAI 给出的步骤指导如下：

步骤 1："拖曳"红外传感器读取"积木块，连接变量"people_count"。

步骤 2：添加"如果……则执行"积木块，条件设为"people_count < 10"。

步骤 3：在条件成立时，拖曳"设置 PWM 引脚输出"积木块，值设为 30%。

通过人机不断修订，进而优化为"动态环境适配"算法。此类工具将调试重点从语法纠错转向逻辑优化，大大缩短了编程教学周期。

认知负荷分层依托智能工具实现精准支持。针对不同阶段的学生，教师可采用阶梯式工具组合：新手期通过 Mind+ 图形化编程软件减轻认知负荷，利用预制循环结构模板理解算法流程；进阶期借助钉钉松鼠 AI 的学情分析功能，定位函数模块调用中的逻辑漏洞；精熟期则转向 Wolfram Alpha 进行多方案对比论证，例如，在"桥梁承重结构优化"任务中，系统自动生成三种加固方案的应力分布模拟数据，引导学生基于可视化报告开展技术伦理辩论。这种分层支持使教师能够将 40% 的课堂时间用于组织"时间复杂度 – 资源消耗""技术创新 – 劳动价值"等深度研讨，推动素养培育从技能操作向思维建模进阶。

典型案例"智创开合桥：桥梁结构手工制作与智能控制"（以下简称为"智创开合桥"）项目完整呈现了上述策略的落地路径。在需求分析阶段，学生用便笺纸提出的"撞船预警""高峰时段调节"等功能点，经 GAI 自动归类为安全模块与效率模块开发任务；在原型设计阶段，自然语言输入的"船高检测→警报触发"指令被转化为包含超声波传感器、LED 警示灯的代码框架，同步生成的三维模型支持结构强度验证；在系统优化阶段，GAI 对比三种算法方案的虚拟测试数据，生成的热力图与能耗统计图驱动学生平衡技术指标与社会效益。某校测评数据显示，参与此类项目的学生在"复杂问题拆解""技术伦理判断"等维度的得分较传统班级平均提升了41%，印证了工具理性与价值理性融合育人的可行性。GAI在信息科技学科中的应用场景如表5-19所示。

表5-19 在GAI信息科技学科中的应用场景

应用场景	典型工具	核心教学活动	核心教育价值
编程思维可视化教学	DeepSeek、Kimi等结合Mind+和Scratch 3.0	根据学生提出的功能需求自动生成代码框架，通过虚拟实验室实时验证代码逻辑（如物联网传感器控制与作物生长数据联动）	破解编程教学抽象化难题，将算法逻辑转化为具象场景交互，提升学生从问题架构到技术实现的闭环能力
跨学科项目式学习设计	豆包、通义千问	输入主题（如智能交通优化）自动生成包含硬件编程、数据分析、社会调研的跨学科任务链	解决教师跨学科课程设计能力不足的问题，10分钟内完成传统需两周准备的课程框架，实现多学科知识有机融合
算法进阶训练	ChatGPT、Wolfram Alpha	生成不同时段车流的模拟数据，引导学生设计动态配时算法，通过可视化热力图来验证参数调整效果	突破传统算法教学脱离真实场景困境，使抽象数学建模与城市治理实际问题深度结合，培养技术伦理意识
代码批改与学情分析	DeepSeek、钉钉AI等	自动识别代码和作文中的逻辑漏洞，生成多维度学情报告（如知识薄弱点热力图、个性化提升建议）	将教师从重复劳动中解放出来（批改效率提升70%），实现精准教学干预，破解大班教学个性化指导不足的难题

（二）劳动教育：从经验操作到数据驱动的科学实践

GAI通过生成式模拟与数据分析，将传统劳动升级为科学探究过程。在"AI助农：智能采摘机器人协同作业"（以下简称为"AI助农"）劳动课程中，学生需要优化果实采摘路径，传统教学依赖人工观察与重复试错。GAI介入后，构建了虚拟果园实验场：输入果树三维点云数据，系统即可生成机械臂运动轨迹模拟，并关联果实损伤率统计模型。当某小组采用直线采摘路径时，GAI

会预警"枝叶碰撞导致 25% 的果实破损",引导学生理解"生物力学与运动规划"的跨学科关系。在真实的农场中,学生根据虚拟训练结果调整"Z"字形采收策略,推动了损耗率持续下降。这种数据驱动的劳动模式使采摘实践从经验传承转向科学决策。某班级实践报告显示,采用 GAI 支持的组别劳动效率提升了 120%,并且 92% 的学生能完整阐述"点云建模—路径优化—经济效益"的技术逻辑。GAI 在劳动教育学科中的应用场景如表 5-20 所示。

表 5-20 GAI 在劳动教育学科中的应用场景

应用场景	典型工具	核心教学活动	核心教育价值
高危劳动技能虚拟实训	浦育人工智能平台、Labster、MEL Science	构建高空电路检修等 VR 场景,GAI 实时生成设备故障案例并评估操作规范性	解决传统劳动教育中存在的安全风险与设备限制问题,使高危技能训练的覆盖率提高
现代农业劳动智慧化实践	行空板等创客套件	基于物联网数据生成作物生长模型,引导学生设计 GAI 植保无人机飞行路径,优化种植方案	将经验型劳动升级为数据驱动决策,使劳动过程可量化(如作物产量提升 35%),培养新时代数字农民的素养
传统工艺数字化传承	天空 AI 音乐、3D 建模工具	生成非遗 IP 形象,辅助学生设计数字化工艺作品(如 GAI 生成刺绣纹样与 AR 展示方案)	破解传统工艺教学资源稀缺的难题,使非遗传承学习周期从三个月缩短至三周,激发文化创新意识
劳动成果价值转化	豆包、光速写作	自动生成劳动产品营销方案(如艾草种植项目的成本核算工具、文化传播 H5 模板)	建立劳动创造价值认知闭环,使 87% 的学生项目实现在真实社会场景中的应用,破解劳动教育与社会需求脱节问题

在"智创开合桥"项目中,GAI 破解了传统劳动教育中的工程验证难题。学生利用激光切割机制作桥梁模型后,GAI 通过 3D 扫描自动检测结构强度,生成应力分布可视化报告(如"桥墩连接处承受了 72% 的载荷")。当学生尝试改进榫卯结构时,系统实时模拟不同风速下的形变数据,标注共振频率危险区间,并推荐三角支撑加固方案。这种虚实结合的劳动过程,使学生在动

手实践时能直观理解材料力学、流体动力学和控制论的复杂关系。调查显示，采用 GAI 辅助的桥梁模型承重能力平均提升了 65%，较纯手工制作组别抗风性能提高了 3 倍。

（三）跨学科协同：技术逻辑与劳动价值的深度融合

编程教育与劳动教育在 GAI 支持的场景中形成双向赋能闭环。在"AI 助农"项目中，学生既需要编写成熟度识别算法（编程领域），又需要实地参与果园管理（劳动实践）。GAI 通过多模态数据融合，将代码调试与农业观察紧密结合：当算法误将阴影中的西红柿识别为"未成熟"时，系统不仅提示 HSV 色彩空间参数偏差，同时生成果农访谈记录，而且还会引导学生发现"光照条件对采摘标准的主观影响"。这种技术逻辑与人文价值的有机融合，使 87% 的项目小组在最终方案中加入了"AI 建议 + 果农复核"的协同机制，体现了从单纯技术输出到注重尊重劳动者这一理念的思维升华。

在"智创开合桥"项目中，跨学科协同更为显著。在学生编写控制代码时，GAI 会同步生成桥梁开合过程中的能耗统计（如"单次开启耗电量为 0.8kWh"），驱动他们在劳动环节优化手动齿轮组传动效率。某小组发现增大主动轮直径可降低 30% 的后电机负荷后，既修改了程序中的扭矩参数，又手工打磨出了新型的齿轮配件。这种"虚拟验证 + 实体改造"的循环使技术方案真正服务于可持续城市发展目标，最终作品在市政工程展中获得了"最佳社会效益奖"。

这种跨学科实践的本质是将新课标倡导的"做中学"理念具象化。当学生观察到自己编写的程序如何将果蔬识别准确率从 68% 提升至 94%，或亲手改进的桥梁模型成功通过八级风洞测试，抽象的知识便转化为可触摸的创新自信。

三、典型案例

在 GAI 赋能的跨学科教学中，智能技术需突破"实验室演示"的局限性，创设情境让学生真正融入真实问题的解决过程。以"智慧果农小助手"项目式课程为例，聚焦果园种植中"成熟度误判率高""资源浪费严重"等痛点，构建"技术探究—劳动实践—伦理反思"三位一体的教学框架。通过普及拆解场景需求（如阴雨天气果实识别）、认知障碍（多模态数据关联困难）、技术门槛（AI模型部署复杂）等核心问题，系统呈现教师如何借助GAI工具重构教学设计、学生如何通过虚实融合操作完成技术创新。案例严格遵循"问题溯源→工具适配→实践验证"的路径，详细解析从果树图像采集标注到AIoT设备田间部署的全流程，并嵌入劳动伦理思辨环节（如"AI决策是否剥夺传统的农艺价值"），确保技术应用与育人目标深度融合。

应用案例7：GAI驱动的高效智能开合桥设计实践

教之惑：开合桥智能设计课程是一个跨学科课程，涉及的知识面广，教师协调多方资源耗时费力。在实际实施中，课时不足，在理论学习和完整设计之间难以取舍，工程思维培养出现断层。

学之困：知识与技能难以用来解决实际问题；项目知识容量大与课时的矛盾致使学生理论与实践难以兼顾；学科割裂致协作低效。

教师行为与GAI赋能设计如下。

1. 工具选择（见表5-21）

表5-21 开合桥智能设计中的GAI工具

工具类型	具体工具	核心功能
虚拟场景创设	DeepSeek、即梦AI	DeepSeek生成提示词，即梦AI根据提示词生成场景动画
设计与建模	可灵AI和3Done或Tripo 3D	输入提示词，利用可灵AI生成设计图，利用3Done转化成3D模型
AI代码生成、验证平台	Mind+、GitHub Copilot	生成代码、代码补全等功能

由3Done和Tripo 3D分别生成的伦敦塔桥如图5-22和图5-23所示。

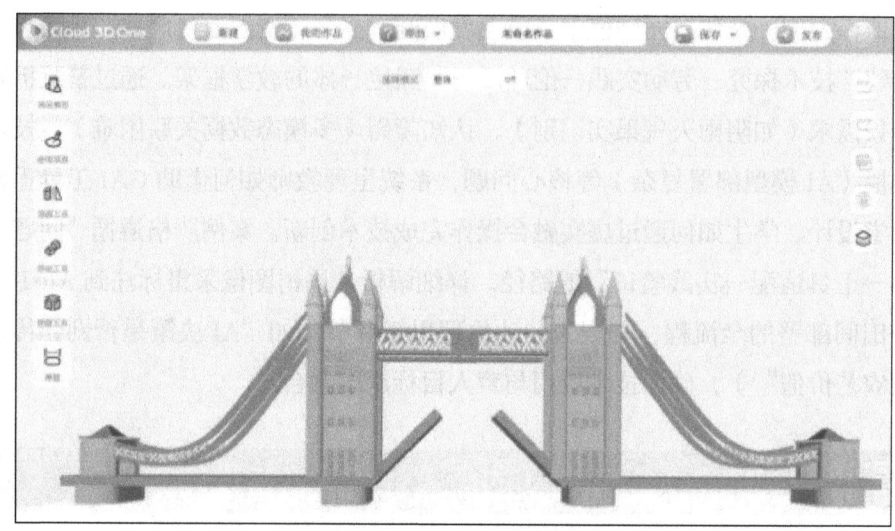

图 5-22　3Done 搭建的伦敦塔桥

图 5-23　Tripo 3D 搭建的伦敦塔桥

2. 协同代码生成（GitHub Copilot）——编程教学范式重构

在 Python 编程教学中，教师首先通过生活化案例（如"智能感应红绿灯"）讲解条件判断与循环控制核心算法，引导学生梳理逻辑流程（如"检测桥高→

判断是否低于阈值→触发警报"）。当学生在代码编辑器中输入关键注释（如"# 船顶距离桥底不足 1 米时亮红灯"）时，GitHub Copilot 就会立即生成对应的基础代码框架（if bridge_height < 1.0: red_light.on()），并自动补全变量定义与传感器调用语句。在这个过程中，GAI 着重解决初中生的语法记忆痛点：实时修正缩进错误、冒号遗漏等常见问题，同时将教师预设的流程图转化为可视化代码块（如用彩色高亮标记 if-else 分支）。传统需要 40 分钟的手动编码被压缩至 8 分钟，学生得以将 60% 的精力聚焦于系统逻辑优化而非语法纠错。此类工具重构了编程课堂的价值链——不仅将代码实现效率提升 4 倍，而且通过"人类设计算法→AI 生成代码→双向迭代调试"的协作模式，让零基础学生也能体验从需求分析到功能落地的完整工程闭环，为培养未来智能时代的数字公民奠定基础。

3. 设计意图与核心素养落地

本环节以 GitHub Copilot 为技术支点，重构初中编程课堂的"教＋学＋创"闭环：通过将传统"语法记忆＋逐行编码"模式升级为"算法设计主导＋人机协同落地"的新范式，着力破解编程教学中"耗时于代码细节，弱化思维培养"的痛点。

在教学过程中，教师以真实工程问题（如桥梁安全系统）为驱动开展算法教学，引导学生从自然语言逻辑（"若……则……"）向流程图结构化表达进阶，而 Copilot 的智能代码生成功能则充当思维落地的"加速器"——通过即时转化抽象逻辑为可执行代码，使零基础学生也能在 8 分钟内完成原本需要 1 小时的编程任务，从而让 70% 的课堂时间聚焦于系统逻辑优化与工程思维迭代。

应用案例 8：GAI 赋能的智慧农业跨学科实践探索

教之惑：对于真实情境问题的解决，技术门槛高，缺乏实践场景，劳动教育难以量化学生技能提升，评价不精准。

学之困：认知断层，学生很难将"AI 模型训练"与实际果实品质提升关联起来，传感器调试、代码修改等耗时费力，且失误率高。

教师行为与 GAI 赋能设计如下。

1. 工具选择（见表5-22）

表 5-22　智慧农业中的 GAI 工具

工具类型	具体工具	核心功能
图像标注与训练	智影、即梦 AI 或浦育人工智能平台	训练图片、标注信息
虚拟实训环境	Labster VR	模拟场景
低代码开发	DeepSeek、阿里云 IoT Studio	生成功能性 HTML 网页或拖曳式搭建数据看板

在浦育人工智能平台做苹果成熟度训练的图片如图 5-24 所示。

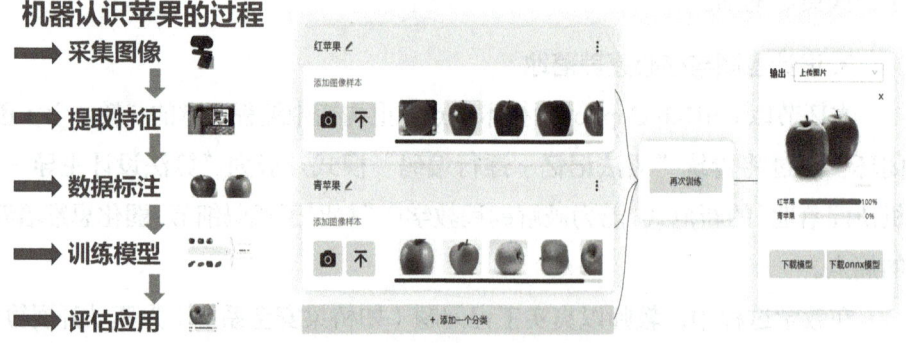

图 5-24　在浦育人工智能平台做苹果成熟度训练

2. GAI赋能课堂片段（见表5-23）

表 5-23　GAI 赋能的课堂片段

环节	教师行为	学生操作	GAI 介入方式
数据采集	示范用摄像头拍摄果蔬技巧	分组拍摄不同光照条件下的苹果或其他果蔬	筛选或自动优化照片，标注相关信息
模型训练	讲解迁移学习原理	上传平台，调整、训练参数	利用平台生成轻量化模型
实地部署	指导利用掌控板或树莓派与传感器连接	安装设备并测试实时识别准确率	Labster VR 预演各种环境对果蔬的识别情况

3. 补充GAI辅助教学

学生若希望看到综合性数据看板，则可以通过 DeepSeek 生成 HTML 网页看板或 Python 代码示例。

HTML 代码示例如图 5-25 所示。

```html
<div class="dashboard">
  <!-- 温度卡片 -->
  <div class="card">
    <h3>实时温度</h3>
    <div id="temperature">25℃</div> <!-- 数据由传感器API接入 -->
  </div>
  <!-- 成熟度进度条 -->
  <div class="card">
    <h3>苹果成熟度</h3>
    <div class="progress-bar">
      <div style="width: 75%">75%</div> <!-- 数据来自AI模型 -->
    </div>
  </div>
</div>
```

图 5-25　DeepSeek 生成 HTML 代码

通过 GAI 生成的网页工具，学生用少量的代码即可搭建果园数据看板，实时显示温/湿度与成熟度，直观呈现田间传感器与 AI 模型的数据，将编程与农学知识融合，提升技术应用能力。

4. 设计意图与核心素养落地

跨学科教学项目的实施不能仅从单一学科的核心素养进行说明。通过横向对比，结合《中小学综合实践活动课程指导纲要》提出的课程目标，可以下四个维度进行阐述。

（1）价值体认

通过智慧农业实践探索，学生可深刻体会到 AI 技术在农业生产中的应用价值，认识到科技对于提升农业生产效率的重要性。

（2）问题解决

在项目实施过程中，学生运用所学知识，解决真实情境中的农业生产问题，如通过 AI 模型训练提升果蔬识别准确率，增强学生解决问题的能力。

（3）责任担当

学生作为智慧农业实践活动的参与者，承担起优化农业生产流程、提升农产品品质的责任，并在团队中培养责任担当意识。

（4）创意物化

学生利用所学技术和工具，如 DeepSeek、阿里云 IoT Studio 等，创新性地搭建果园数据看板，实现田间传感器与 AI 模型的直观连接，将创意转化为实际成果。

综上所述，GAI 赋能的智慧农业跨学科实践探索，不仅解决了教与学的困境，还促进了学生核心素养的全面发展，为跨学科教学提供了新的思路与路径。

第六章 GAI赋能师生主体教学实践：学习分析与环境支持技术

在人工智能技术深度融入教育实践的今天，GAI正以"润物细无声"的方式重构中小学课堂的底层逻辑。在传统教学中，教师常常面临一对多互动的效率瓶颈与素养评价的操作困境：在数学课上，学生机械地复述公式，却难解几何本质；在作文批改中，逻辑松散、论据不足的评语难以转化为可操作的改进路径；实验课堂因器材限制导致探究浅尝辄止等。这些在一线教学中真实存在的痛点恰是GAI技术赋能的突破口。

本章以中小学课堂的典型场景为锚点，揭示GAI如何通过认知协作工具与过程性评估系统将抽象教育理论转化为教师看得见、用得上的实践方案——在小学数学课上，学生通过GeoGebra动态拖曳三角形模型，在VR空间中具身体验三角形全等的局限性；在初中语文课堂上，GAI写作教练实时标记逻辑断层并推送"论据超市"资源库；在小学"水的蒸发"科学实验中，实验从观察演示升级为AR环境下的多变量探究。这些场景表明技术已不再是悬浮的概念，而是深度扎根于教学设计、实施与评价全流程的变革力量。

这种变革的价值在一线教学中体现为三个维度的突破性进展：在师生互动层面，分层问答引擎通过多模态解释方案，使小学数学课堂中不同认知水平的学生获得适配支持。2022年，中国教科院（中国教育科学研究院的简称）的实证数据显示，学生课堂参与广度明显提升；在课堂评估层面，GAI支持的写作心电图系统通过追踪学生从草稿到终稿的17次修改痕迹，精准识别论据链断裂点，使议论文逻辑严谨性评分提升了67%；在深度学习层面的初中生物"传染病防治"项目中，学生借助GAI生成的虚拟仿真实验模拟分析黑死病与新冠疫情的防控策略异同,其跨时代迁移能力较传统教学组提升了 2.3 倍。

这些扎根于中小学真实课堂的案例,既验证了技术工具在破解教学难题中的实效性,又构建起了"理论+工具+实践"的转化桥梁。当教师利用 GAI 动态生成错题解析动画(如未标注单位的图表变成无刻度尺子)时,当学生通过腾讯文档协作完成校园噪声治理数据报告并获得市政府采纳时,教育的价值已从"知识传递"升维至"真实问题解决"。

本章通过多个学科典型实践,涵盖数学几何论证、语文批判性写作、科学探究等,为中小学教师提供一套可复制、可迭代的智能教育行动框架,助力每位教育工作者在人机协同的新生态中找到属于自己的专业发展坐标。

第一节 师生互动与课堂评估

在传统课堂中,教师常面临共性难题:学生机械记忆公式却难触知识本质,作文评语难以转化为具体的改进路径,科学探究受限于器材而流于表面。GAI 的介入正悄然改变这一困境。以数学课堂为例,当学生对三角形全等的判断停留在死记硬背时,动态几何软件与虚拟现实工具的融合,使抽象定理转化为可操作的探究任务——学生通过拖曳虚拟模型观察图形变化,GAI 同步推送真实工程案例揭示定理的现实意义,教师则借助认知热区分析精准介入指导。

本节将探讨师生互动与课堂评估的理论框架、技术工具,通过解析丰富多样的典型案例,多方位呈现 GAI 赋能师生互动与课堂评估的具体做法。

一、师生互动与课堂评估的理论框架

（一）师生互动的本质转型：从单向问答到认知协作

在传统课堂中，师生互动多以教师提问、学生回答的线性模式展开，这种一对多的互动方式难以满足学生个性化的认知需求。例如，在小学数学课上，当教师提问"如何计算长方形的周长"时，学生往往只能通过复述公式，如"长加宽之和乘以 2"的被动回应，缺乏对概念的深度理解。GAI 的介入，将这一单向流程重构为多维度认知协作模式：技术工具通过动态生成学习资源、实时分析学生反馈，帮助教师从知识传递者转型为思维引导者。

以小学科学"水的蒸发"教学为例，在传统课堂中，教师通常通过演示实验讲解原理，而学生只能观察和记录结果。引入 GAI 工具后，学生可利用平板电脑拍摄校园内的水洼，GAI 即时分析环境温 / 湿度数据并生成动态蒸发模拟动画。系统根据学生的操作行为（如调整温度参数、观察水珠变化速度）自动分组，为不同认知水平的学生推送差异化问题：基础组探究温度如何影响蒸发速度，进阶组则需设计加速水蒸气收集的创新方案。

在此过程中，教师可借助 GAI 生成的讨论热词云图，如温度、表面积、风速等高频词，快速定位学生的认知焦点，并在小组间巡回指导，重点解释核心概念之间的关联性。这种互动模式不仅提升了学生的参与广度，而且通过技术工具将抽象知识转化为可操作的探究任务，契合了建构主义"做中学"的核心理念。

（二）课堂评估的范式升级：从分数导向到素养追踪

传统课堂的评估依赖标准化测试与作业批改，其局限性在于仅能反映学习结果，却无法捕捉思维发展过程。例如，小学语文作文评分通常关注语句通顺、结构完整等表层指标，而学生如何从草稿到终稿逐步优化逻辑、如何选择论据支撑观点等关键过程却难以量化。GAI 支持的评估系统通过多模态数据融合，构建起覆盖"知识—思维—实践"的三维诊断体系。如图 6-1 所示为文曲智阅工具评价的作文。

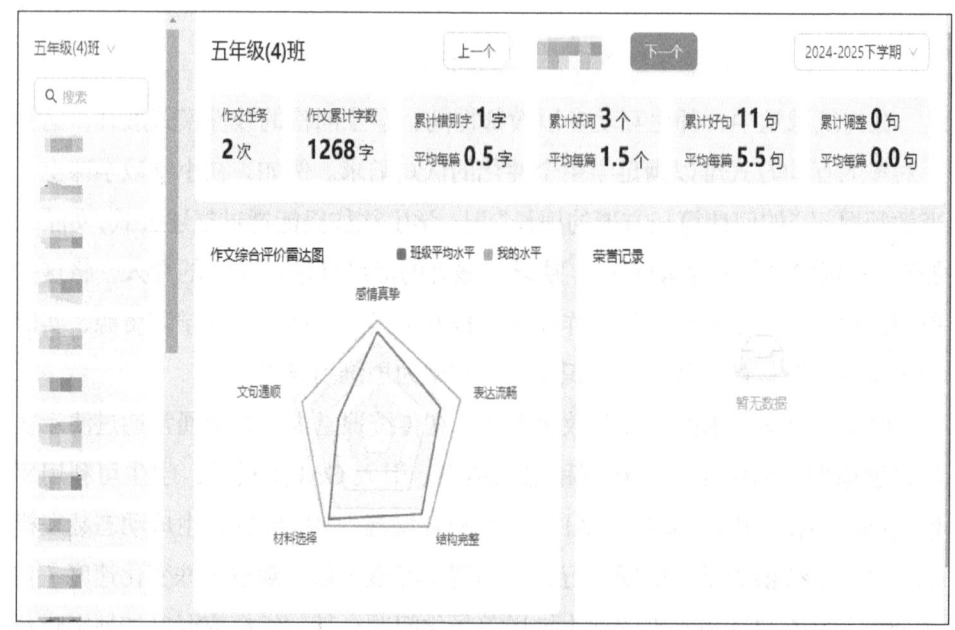

图 6-1　文曲智阅评价的作文

在初中数学"数据统计"单元中，教师可设计校园垃圾分布调查实践任务。学生使用 GAI 工具收集数据时，系统同步记录其抽样方法（随机抽样或分层抽样）、图表选择偏好（柱状图、折线图）及结论表述关键词，如相关性、趋势预测等。GAI 通过自然语言处理标记典型问题，例如，某学生在结论中写道"塑料垃圾占比最大，说明同学们环保意识差"，系统自动标红"环保意识差"，并推送提示"请补充具体数据（如可回收垃圾占比）以增强论证说服力"。教师依据 GAI 生成的班级能力矩阵图，可快速识别群体薄弱点，若 30% 的学生混淆平均数与众数的概念，则需要在下一课时插入针对性的辨析活动；若多数学生缺乏数据可视化优化意识，则可组织图表选美大赛激发创意。这种评估方式将静态分数转化为动态成长路径，使"以评促学"真正落地。如图 6-2 所示为腾讯元宝生成的能力矩阵图。

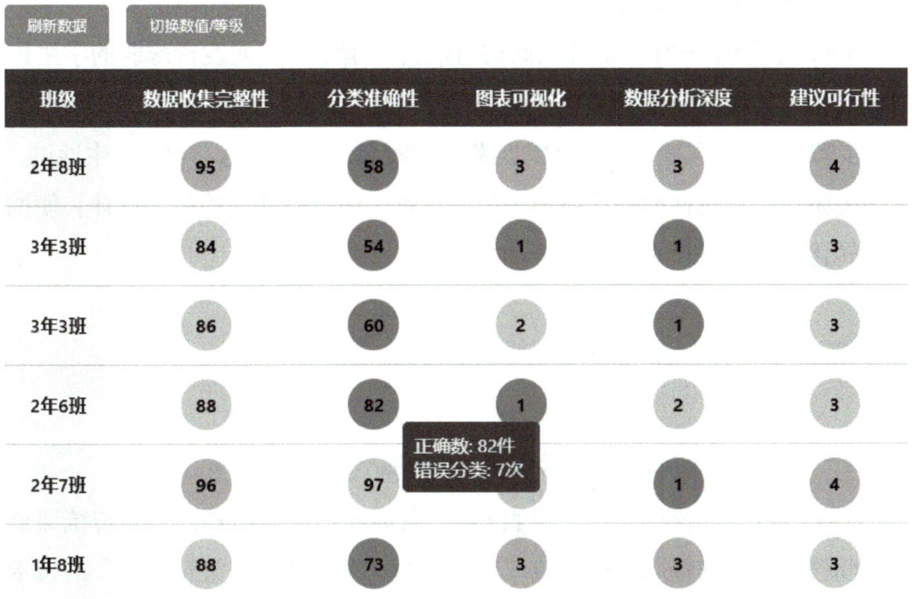

班级	数据收集完整性	分类准确性	图表可视化	数据分析深度	建议可行性
2年8班	95	58	3	3	4
3年3班	84	54	1	1	3
3年3班	86	60	2	1	3
2年6班	88	82	1	2	3
2年7班	96	97	(正确数:82件 错误分类:7次)	1	4
1年8班	88	73	3	3	3

图 6-2　用腾讯元宝生成的能力矩阵图

（三）理论落地的双引擎：教育原理与技术工具的协同

一线教师常面临"理论抽象、工具难用"的困境，而 GAI 的实践价值正体现在将教育理论转化为可操作的技术功具上（见表 6-1）。例如，维果茨基的"最近发展区"理论强调教学应聚焦学生潜在能力边界，GAI 通过分析课堂应答反应、作业错误模式等数据，可自动划分学生的认知层级并生成适配资源。

表 6-1　教育理论与 GAI 工具的映射关系

教育理论	GAI 技术支持	教学场景示例
"最近发展区"理论	动态难度调节（分层习题、微课）	数学课为学困生推送实物操作动画
"形成性评价"理论	实时错误预警 + 矫正提示	在作文写作中标记逻辑断层
"异化教学"理论	学情聚类分析 + 个性化学习路径	科学实验分组推送差异化任务

在小学英语听说课上，教师可依托 GAI 工具实现理论落地三步走。

步骤 1：课前诊断。学生朗读单词录音，GAI 工具分析发音准确率与流畅度，并自动生成"易混淆音标对照表"。

步骤2：课中干预。系统根据实时语音识别结果，为发音薄弱的学生推送口型动画，为进阶学生增加连读训练。

步骤3：课后巩固。GAI将错误发音片段合成定制化练习包，学生通过"发音闯关游戏"针对性地强化所学知识。这种"数据驱动"的教学设计，使抽象理论转化为教师可直观操作的行动指南。

二、师生互动与课堂评估的技术工具

（一）师生互动的技术工具体系：认知协同与策略进化

GAI通过三类核心工具（见表6-2）重构师生互动模式，突破传统课堂的单向问答与经验依赖瓶颈，形成"认知诊断—动态适配—策略迭代"的技术赋能闭环。

表6-2　师生互动工具与教学案例对照表

工具类型	技术特征	教育功能实现	典型应用场景
分层问答引擎	动态生成多模态解释方案	破解线性对话桎梏，实现认知分层支持	在数学课上解答分数问题：基础组推送实物切分动画；进阶组开放数轴建模工具；拓展组创设超市比价任务
情感计算系统	多模态生物信号融合分析	构建情感共鸣的教学场域	在语文朗读课中：语音颤抖检测触发鼓励策略；表情识别冷漠区域启动互动游戏
协作思维支架	论点结构化与逻辑链可视化	高阶思维过程显性化	历史辩论自动生成论点树，标记证据缺口并推送历史档案

GAI在教育场景的技术落地遵循"感知—适配—进化"的渐进式赋能路径。在"光的反射"教学实践中，技术介入首先实现精准感知层突破：当学生调整镜面角度时，GAI通过分析操作轨迹的连续性（如持续偏差大于5°），自动触发光线路径修正动画，将教师经验性纠错转化为可视化认知支架。在此

基础上，动态适配层推动教学策略升级：系统根据学生操作频率与复杂度（如高频率组每分钟参数调整大于3次），动态划分探究小组并开放差异化权限——允许高阶组自主设计多变量实验，而为基础组保留分步引导功能。最终，策略进化层完成教学系统的自我迭代：通过聚合班级操作热区数据（如70%的学生卡在特定实验环节），GAI不仅能生成当堂强化模块，还能驱动教具创新（如开发带激光指示的量角器），使下一轮教学周期自动规避已知的认知障碍。

这种三级进阶机制本质上构建了"个体行为诊断—群体策略优化—系统能力进化"的良性循环：在初中物理"浮力原理"实践中，学生从感知压力曲线异常，到获得个性化实验权限，再到推动虚拟实验平台版本更新，完整经历了技术赋能的教学范式转型，使工具价值从表层辅助深入教育生态重构。

（二）课堂评估的技术系统构建：过程追踪与素养发展

GAI赋能的课堂评估系统，就像给教师装上了"教学显微镜"，让原本看不见的思维过程变得清晰可操作。以初中数学"统计图分析"单元为例，当学生开展"校园噪声调查"时，系统会实时记录三个关键维度：数据收集方式（有多少人选择随机抽样或分层抽样）、图表使用偏好（柱状图与折线图的比例）、结论表述质量（是否用"相关性""趋势预测"等专业术语）。这些数据不再是冷冰冰的分数，而是会"说话"的教学指南——如果发现15%的学生在报告里写着"操场最吵"但缺少分时段数据，那么系统不仅会自动标红这些结论，还会推送"如何用数据支撑观点"的互动教程。教师根据GAI生成的班级能力矩阵图，可以快速设计分层任务：让基础组重新标注五份图表的核心要素，而进阶组则需要用折线图预测午休时段的噪声变化。更贴心的是，学生完成作业后，扫码就能获得3D错题解析动画，比如忘记标注单位的图表会变成"没有刻度的尺子"，这种可视化反馈让知识漏洞一目了然。

在"等高线地形图"教学中，系统甚至能发现学生反复旋转数字模型的困惑，并自动建议使用3D打印地形块辅助理解。这些技术不是要取代教师，而是把我们从繁重的数据整理中解放出来，让我们能更专注于设计有针对性的教学活动。

三、师生互动与课堂评估的实践案例

应用案例1：数学课堂的"几何对话革命"

教之惑：教师反复讲解"边边角（SSA）不能判定全等"，但学生仍机械地记忆这个结论。教师在课堂上提问时，学生只会回答"老师说过SSA不行"，却无法解释原理。作业批改显示，65%的学生在SSA类题目上出错，但教师难以定位具体的认知断点。

学之困："画出来的两个三角形明明看起来一样，为什么不算全等？"学优生则陷入"解题惯性"，即"考试时题目没明确要求使用定理，是否可以用SSA快速解题？"

教师行为重构与GAI赋能路径如下。

1. 学情诊断

利用GAI工具分析课堂录音，提取学生提问中的高频疑问词（"边角位置""形状差异"占比达53%）。

2. 工具重组

配置GeoGebra动态演示系统+VR空间操作台，构建虚实融合的探究环境。

3. 评估升级

GAI生成三维学情热力图，实时标注班级认知梯度（红区：空间想象薄弱；黄区：定理迁移障碍；绿区：创新应用潜力）。

4. 课堂赋能片段（见表6-3）

表6-3 GAI赋能的教学片段

教学环节	教学活动描述	GAI赋能的设计点
动态问答重构	学生提出"为什么我的SSA作图看起来全等？"后，推送可拖曳的虚拟三角形模型关联船舶桅杆倒塌案例视频	分层认知支持：GAI根据问题复杂度动态生成多模态解释方案（基础操作模型＋真实情境案例）； 疑问词云生成：实时提取高频疑问词（如"边角位置"），辅助教师定位教学重点

续表

教学环节	教学活动描述	GAI 赋能的设计点
实时评估干预	学生在操作虚拟模型时,GAI 记录角度调整的次数与偏差值,并自动分组推送分层任务	操作轨迹分析:通过动作捕捉技术,识别空间想象力薄弱的群体(反复拖曳操作大于5次);个性化任务生成:基于错误模式匹配预设题库,自动生成具身认知任务(如磁力棒搭建实验)

5. 设计意图与素养落地

空间观念:通过 VR 具身体验打破二维图纸的局限,建立几何体与真实空间的关联映射。

推理能力:在动态验证中培养"提出猜想—寻找反例—修正结论"的严谨思维链条。

应用意识:将抽象定理转化为船舶设计等工程问题,体会数学建模的现实价值。

应用案例 2:语文"传统文化保护"议论文写作

教之惑:教师耗费 8 小时批改 60 份作文,但学生只关注分数,不修改内容。在进行课堂互评时,学生常给出"内容空洞""语言平淡"等无效反馈,讨论流于形式。

学之困:教师标注"论据不足"后,不知道去哪里找合适的数据?"逻辑松散"到底怎么改?调研显示,绝大部分学生认为评语抽象难懂。

教师行为重构与 GAI 赋能路径如下。

1. 过程追踪

部署 GAI 写作教练系统实时采集写作过程的数据(如删改频率、关键词密度、逻辑连接词使用)。

2. 支架搭建

开发思维可视化工具箱,包含论点地图生成器、论据数据库、修辞手法体验馆。

3. 评价转型

从终结性评分转向写作过程的动态报告。

4. 课堂赋能片段（见表6-4）

表6-4　GAI 赋能的教学片段

教学环节	教学活动描述	GAI 赋能的设计点
写作对话革命	学生输入论点后： GAI 生成质疑链（初级追问+深度挑战）； 汇总"论点脆弱点 TOP3"图表	智能追问系统：基于议论文知识图谱生成阶梯式追问，引导学生完善论证链条； 辩论支持引擎：自动匹配正反方论据库，支撑课堂进行对抗性讨论
过程性评估渗透	学生在写作过程中： GAI 三色标记逻辑漏洞； 启动"论据超市"检索活动	多维度批改支持：NLP 技术识别论据缺失、逻辑断层，CV 技术捕捉修辞亮点； 资源智能推荐：根据标记问题类型，精准推送历史数据、名人语录等论据资源

5. 设计意图与素养落地

批判性思维：在 GAI 质疑链的引导下，学生学会自我反思与辩证思考，不断修正和完善论点。

文化素养：通过论据超市的检索与运用，学生深入了解传统文化保护的相关知识，增强文化自信。

信息处理能力：在写作过程中，学生学会利用 GAI 工具高效筛选、整合信息，提升信息处理与运用能力。

第二节　个性化学习路径与诊断

在传统教学实践中，个体差异常被课程节奏所掩盖：学生在统一的进度中被动接受知识，难以形成契合自身需求的学习路径；学习诊断多依赖期末评估，反馈滞后且笼统，难以有效指导后续学习。GAI 的引入正在逐步破解这一痛点。以语文阅读教学为例，面对学生在文本细读中的理解偏差，智能学习平台通过语义分析技术精准定位知识盲点，生成个性化的练习任务；学生在 GAI 生成的互动阅读场景中不断修正认知偏差，系统实时记录学习轨迹并生成成长报告，教师据此调整教学策略，实现"教、学、评"三位一体的深度融合。

本节将探讨 GAI 赋能个性化学习的理论框架，解析个性化学习的技术路径，具体呈现 GAI 如何助力个性化学习，推动个性化学习的落地实施。

一、理论框架：GAI 正在改变教育的三个维度

GAI 正在快速改变教师和学生的日常教学活动。它可以通过分析学习数据和提供技术支持，结合不同学科的方法，设计并优化适合每个学生的学习方案。这种改变涉及教学环境、教学过程和思维方式。

（一）教学环境：虚拟与现实相结合的学习空间

GAI 主要从课堂、课外活动和在线学习三个方面改变教学环境。使用 VR 和 AR 技术，GAI 能突破传统教室的限制，创造更生动的学习体验。

如浙江大学用 GAI 创建了虚拟课堂，通过数字教师实现沉浸式学习。学生可以在虚拟环境里与数字教师互动，参与模拟实验和讨论，提升学生的学习兴趣和参与感。在线平台通过 GAI，能根据学生的学习进度调整课程内容。例如，智能推荐系统可以为不同学生推送合适的学习资料，让学习更灵活。

（二）教学过程：完整优化的教学环节

GAI 覆盖了从制定目标到效果评估的整个教学过程，并形成了完整的优化体系。华中师范大学开发的虚拟实验平台，通过模拟真实实验环境帮助学生提高实践能力。学生可以在虚拟环境中操作实验，获得接近真实的效果，同时降低成本和风险。GAI 能帮助教师准备课件和习题，根据学生的特点自动生成教学内容。在上课时，GAI 能实时监测学生的学习状态，帮助教师及时调整

教学方法。

（三）思维方式：重点培养核心能力

GAI 着重培养学生的批判性思维能力、教师使用 GAI 的能力、管理者的技术管理能力。在需要逻辑分析的学科中，GAI 通过模拟案例帮助学生练习分析能力。例如，分析 GAI 生成的法律草案，可以助力发现逻辑漏洞和法律问题。教师需要学习如何将 AI 工具融入教学，提高教学效率，这要求掌握基本的 GAI 应用方法。学校管理者需要制定合理的教育技术发展规划，推动教育技术创新，提升整体教学水平。

二、技术路径：学习分析与个性化诊断的实现

GAI 在教育领域的应用，不仅为师生提供了更加丰富、高效的教学与学习工具，还通过其强大的学习分析与环境支持技术，实现了个性化学习的深度定制。下面将从学习分析技术和环境支持技术两方面探讨 GAI 如何实现个性化学习与个性化诊断。

（一）学习分析技术

学习分析技术是 GAI 赋能个性化学习的核心。通过对学生学习数据的深度挖掘与分析，GAI 能够精准把握学生的学习状态、兴趣偏好及潜在需求，从而为每位学生量身定制个性化的学习路径。

1. 动态诊断与反馈

GAI 能够基于学生的交互数据，如作业提交情况、在线测试成绩、课堂参与度等，生成详细的学习诊断报告。这些报告不仅揭示了学生在知识掌握上的薄弱环节，还提供了针对性的改进建议。例如，在课前，GAI 可以设计预测试卷，帮助学生快速定位学习起点；在课后，GAI 则能生成个性化作业，巩固所学内容，提升学习效果。

2. 情感与认知双维分析

除了对认知层面的分析，GAI 还注重对学生情感状态的监测与支持。嵌入 GAI 的"教育智能体"能够实时分析学生的情绪状态，识别学生在学习过程中产生的焦虑、沮丧等负面情绪，并及时提供情感支持。这种情感与认知双维分析的方式，有助于增强学生的学习归属感，提升学习动力。

（二）环境支持技术

环境支持技术是 GAI 实现个性化学习的重要保障。通过提供多模态的学习资源和人机协同的共创平台，GAI 为师生创造了一个更加开放、互动、个性化的学习环境。

1. 多模态资源生成

GAI 具有强大的内容生成能力，能够快速生成虚拟实验、3D 视频等认知类资源，丰富学生的学习体验。同时，通过 RAG（检索增强生成）技术，GAI 还能实现长文本的精准检索与整合，如提取《三国演义》中的经典章节，帮助学生深入理解文学作品。这些多模态的学习资源不仅满足了学生的个性化学习需求，还提升了学习的趣味性和互动性。

2. 人机协同共创

GAI 不仅是一个强大的学习工具，还是一个可以与教师、学生共同创作的伙伴。通过人机协同共创的方式，教师可以利用 GAI 技术快速构建跨学科知识图谱，提升教学内容的系统性和完整性。例如，借助通义千问等工具，教师可以创建历史学者智能体，支持学生与历史人物进行对话，深入探讨《诗经》等经典文献。这种人机协同共创的方式，不仅丰富了教学内容，还培养了学生的跨学科思维能力和创新能力。

三、多学科视角下的个性化学习案例

GAI 在教育领域的广泛应用，为各学科教学带来了前所未有的创新机遇。下面将通过语文、数学、生物、英语、物理及教育管理等多个学科的实践案例，展示 GAI 如何助力个性化学习路径的设计与实现。

（一）语文学科教学：个性化阅读与写作能力提升

在语文学科中，GAI 可以根据学生的兴趣和阅读能力，为其推荐个性化的阅读材料。例如，对于喜欢科幻小说的学生，GAI 可以推荐相关的科幻文学作品，并生成与作品相关的思考题和讨论话题，引导学生深入思考。同时，GAI 还可以对学生的作文进行分析，指出语法错误并提供改进建议。

1. 案例

在语文作文教学中，教师利用 GAI 对学生的作文进行分析，发现学生在句子结构和用词准确性方面存在较多问题。

2. 应用

GAI 根据学生的作文内容，提供了详细的修改建议，并生成了与作文主题相关的例句和范文供学生参考（见图 6-3、图 6-4）。学生通过借鉴这些例句和范文，提高了自己的写作水平。

图 6-3　利用 GAI 批改作文

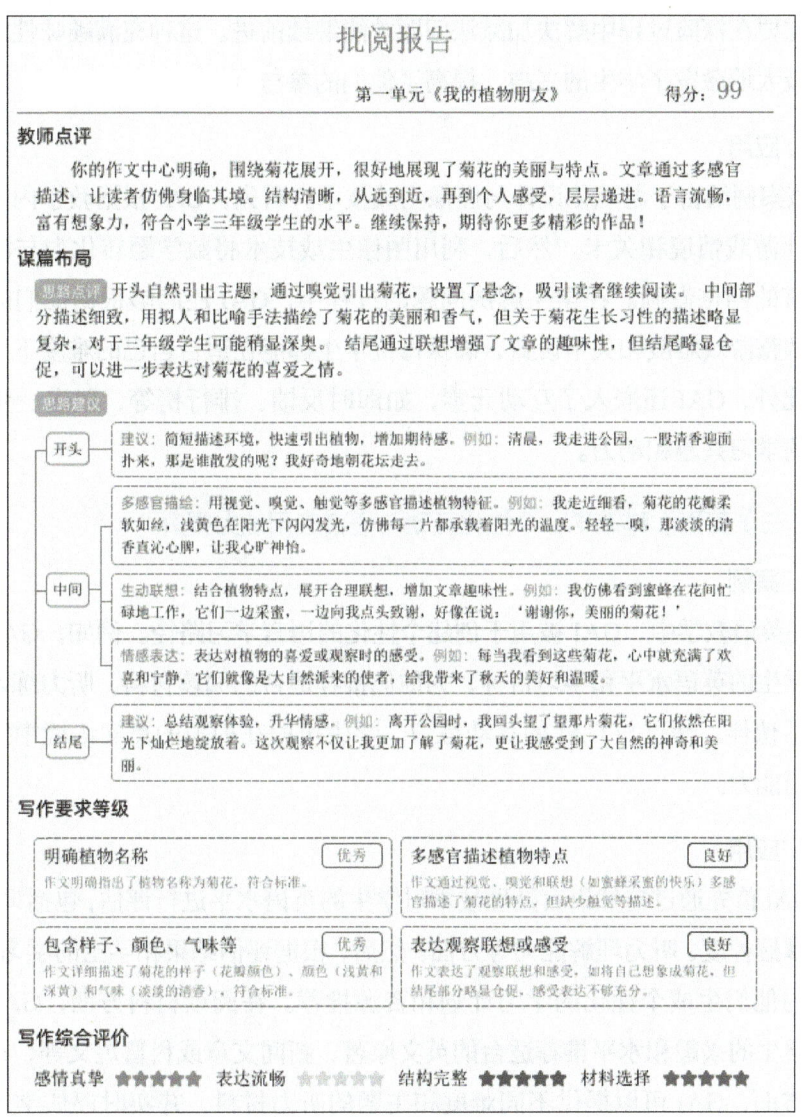

图 6-4 GAI 生成的批阅报告

(二)数学学科教学:趣味化与问题解决能力提升

1. 案例

利用豆包工具,教师可以将复杂的数学题转化为《我的世界》游戏风格的四格漫画。例如,在进行加减法知识的教学时,GAI 设计了一个鬼屋探险的情境,学生需要在探险过程中解决加减法问题才能继续前进。这种充满趣味性的教学方式极大地激发了学生的兴趣，提高了他们的参与度。

2. 应用

该案例结合了游戏化设计与图像生成技术。首先，GAI 根据教学内容与目标设计游戏情境和关卡。然后，利用图像生成技术将数学题转化为与游戏情境相符的四格漫画。在学生解决问题的过程中，GAI 还能够根据他们的答题情况调整游戏难度和关卡设置，确保每位学生都能在适合自己的难度下进行学习。此外，GAI 还嵌入了互动元素，如即时反馈、排行榜等，以进一步激发学生的学习兴趣和动力。

（三）英语学科教学：个性化互动与语言应用能力提升

1. 案例

在英语教学中，GAI 被用于创建个性化的语言学习路径。例如，GAI 可以根据学生的英语水平和学习目标，为他们推荐适合的阅读材料、听力练习和口语对话伙伴。通过与 GAI 的互动练习，学生可以在模拟的真实语境中提升语言运用能力。

2. 应用

GAI 首先通过自然语言处理技术对学生的英语水平进行评估，包括词汇量、语法掌握程度、听力理解能力等方面。然后，根据评估结果和学生的学习目标，GAI 为他们生成个性化的学习计划和资源推荐。在阅读材料方面，GAI 可以根据学生的兴趣和水平推荐适合的英文原著、新闻文章或科普短文等；在听力练习方面，GAI 可以提供不同难度和主题的听力材料，并实时评估学生的理解程度；在口语对话方面，GAI 可以扮演对话伙伴的角色，与学生进行实时互动练习，纠正发音、语法错误并提供反馈。

（四）物理学科教学：虚拟实验与概念建模能力提升

1. 案例

在《电路故障分析》教学中，利用 GAI 平台构建虚拟实验室，实现个性化分层教学。基于课前诊断,学生被分为以下三组。

- 基础组:完成串联电路搭建,GAI 实时标记连接错误,并推送电流动态演示。
- 进阶组:设计并联电路,GAI 生成"滑动变阻器阻值—亮度"变化曲线,揭示非线性关系。
- 拓展组:集成光敏传感器,在仿真沙盒中探索"光照变化下如何保持亮度恒定"的开放性问题。

2. 应用

GAI 个性化分层学习体现为以下三点。

- 精准诊断:分析操作行为,构建认知热力图,识别学习误区,自动推送有针对性的微课与练习。
- 具象化干预:运用 AR 技术实现"故障透视"。例如,误接短路时,高亮显示发热导线,并辅以导线熔断 3D 动画,将抽象概念具象化。
- 动态调整:基于错误模式库动态重组内容。例如,针对"混淆串并联电压规律"的群体误区,即时生成对比实验任务,引导学生测量移除灯泡后的电压变化并总结规律。

GAI 通过虚拟实验行为数据实现精准学情诊断,利用生成式情境任务破除概念理解障碍,构建"诊断—干预—验证"训练系统,有效支撑物理核心素养培养。

(五)跨学科实践:多模态情境与科学探究能力提升

1. 案例

在"传染病及其预防"项目中,学生通过 GAI 生成的虚拟仿真实验模拟了病毒的传播过程。他们结合历史数据(如黑死病)分析公共卫生策略的有效性,并探讨了如何应用现代科技手段预防和控制传染病。

2. 应用

GAI 在该项目中发挥了多模态资源生成的作用。首先,GAI 根据教学内容和目标生成了虚拟仿真实验平台,该平台能够模拟病毒的传播过程、感染机制,以及公共卫生策略的效果。学生可以在虚拟环境中进行实验操作，观察不同策略对病毒传播的影响。同时，GAI还整合了跨学科数据库资源，如历史疫情数据、公共卫生政策等，为学生提供了丰富的背景信息和参考资料。

四、挑战与应对策略

GAI在教育领域的应用十分广泛，为师生带来了不一样的个性化学习体验，同时也带来了不少挑战。这些挑战不仅涉及技术层面，还涵盖了伦理、隐私，以及教师角色的转变等问题。下面将探讨这些挑战及其应对策略。

（一）技术局限性：教师需要审核其准确性

GAI可生成丰富的内容，但其准确性有待提高。因为GAI是用很多数据训练的，如果数据有偏差或不够，那么生成的内容就可能出错或不准。另外，算法本身也可能有偏见，从而导致生成的内容可能带有歧视或误导性。因此，教师要加强审核GAI生成的内容，并训练批判性思维。在用GAI生成教学材料或学习建议时，教师不仅要结合自己的专业知识和经验来仔细判断和核对，还要教学生如何质疑和分析GAI生成的内容，培养他们的独立思考和判断能力。

（二）伦理与隐私：创建数字德育框架

GAI在教育领域的应用日益广泛，这使得学生的个人信息和学习数据存在泄露或被滥用的风险。此外，用GAI可能引发伦理问题，比如作业抄袭、学术不端。因此，在使用过程中要保障学生隐私和权益，并规范学生用GAI的行为。学校可以明确学生使用GAI的范围和限制，加强伦理教育，同时在教学过程中培养学生的诚信意识和学术道德，防止作业抄袭等不良行为的发生。

（三）教师角色转型：从教知识到设计学习

在GAI赋能的教育领域，教师的角色需要从教知识转变为设计学习。这就要求教师不仅具备扎实的学科知识，还要掌握先进的教学理念和方法，以及会用GAI技术设计、实施和评估教学活动。

为了实现这一转变，教师需要提升人机协同能力。他们可通过参加培训课程和学习班，掌握 GAI 技术的基本原理和应用。通过实践锻炼和反思总结，提升教学设计能力。此外，教师还可尝试用 GAI 工具生成个性化的学习路径和资源推荐，并根据学生的反馈进行调整和优化。同时，通过参与跨学科的教学研究和实践活动，教师能够拓宽视野和知识面，从而更好地适应 GAI 赋能的教育环境。

第三节
GAI 赋能深度学习环境设计与支持

在当今教育领域，深度学习已成为培养学生高阶思维能力和综合素养的关键目标。GAI 凭借其强大的语义理解、知识生成和个性化推荐能力，为深度学习环境的设计与支持带来了全新的契机和变革。研究表明，学生在深度学习环境下的问题解决能力较传统模式提升了 52%，而 GAI 的引入可将这一比例进一步提升至 68%。

本节将围绕 GAI 赋能应用的认知机理、认知支架模型、核心实施原则，探讨其在深度学习环境设计中的应用，并结合具体示例分析其在实际教学中的作用。

一、GAI 赋能深度学习环境设计与支持的理论基础和设计原则

（一）GAI 赋能应用的认知机理

GAI 的引入从多个层面优化了深度学习的认知过程，主要包括以下几个方面。

1. 分布式认知补偿

分布式认知理论认为，认知过程分布于个体、工具和环境之间。GAI 通过知识图谱与大模型推理，弥补了单一教师或教材在知识整合上的局限。

在生物学科的学习中，GAI 可自动关联细胞代谢、能量流动与生态平衡等概念，构建系统性认知网络。例如，哈佛大学开发的 BioGraph 系统利用 GAI 生成动态知识图谱，使学生对光合作用和呼吸作用能量转换的理解效率提升了 60%。

2. 认知负荷再平衡

Sweller 的认知负荷理论指出，优化认知资源分配是深度学习的关键。GAI 可自动承担机械性认知任务（如数据处理、模式识别），从而减轻学生的工作记忆负担，使其能够专注于深度思考。

在物理实验设计中，GAI 可自动生成变量控制方案（如斜面角度、摩擦力参数），从而帮助学生专注于理论验证。例如，麻省理工学院的 PhysAI 平台通过自动生成实验模板，使学生在探究"牛顿第二定律"时的效率提升了 45%。

3. 动态学习路径优化

"最近发展区"理论强调教学需匹配学生的潜在能力水平。GAI 通过自适应分析，动态调整教学内容。例如，可汗学院的数学自适应系统（Khanmigo）可根据学生的解题表现推送个性化的练习内容。

（二）GAI 赋能深度学习环境设计与支持的三维认知支架模型

基于 GAI 技术的深度学习环境设计，本研究提出"感知—思维—元认知"三维认知支架模型，通过智能工具系统性地支持学习者的认知发展（见表 6-5）。该模型从感知加工、逻辑思维和自主学习能力三个认知维度切入，分别制定了相应的策略，并依托智能技术实现精准干预。

表 6-5　AI 赋能深度学习环境设计与支持的三维认知支架模型

支架维度	认知干预策略
感知能力增强	通过多模态交互（AR/VR、动态可视化）补偿具身学习的缺失，提升对抽象概念的理解

续表

支架维度	认知干预策略
思维显影	GAI 推理链追踪算法分析学生的思维路径，标记逻辑断层并提供修正建议
元认知培育	学习行为图谱分析生成智能反馈，优化学习策略

（三）AI 赋能深度学习环境设计与支持的基本原则

GAI 深度融入教育场景时，需要遵循以学习者为中心的智能协同框架，其核心原则在于平衡技术赋能与教育本质的辩证关系。

1. 人机协同的认知分工原则重构教学角色

GAI 依托海量数据处理能力，承担知识整合（如跨学科文献聚类）、模式识别（如实验误差归因）等机械性任务，而学生聚焦假设生成（如设计光催化材料配比）与创新实践（如构建碳中和方案）。

2. 数据双重验证原则确保技术可信度

要求 GAI 生成数据与真实实验的偏差率低于一定标准。例如，在金属腐蚀实验中实现虚拟数据与实测数据高度相关，通过科学教育认证。

3. 动态脚手架设计原则贯穿学习全程

在探究前，GAI 推送自适应预习材料（如气候政策可视化图谱），在探究中，实时优化实验参数（如催化剂比例推荐系统），在探究后，生成能力发展报告并标注思维漏洞（如逻辑跳跃点识别）。在此类原则驱动下的课堂能显著提升学困生的参与度和论证的严谨性，标志着教育智能化从工具辅助迈向认知共生的新阶段。

（四）GAI 赋能深度学习环境设计与支持及其应用的实施路径

GAI 在教育中的深度应用需要遵循以下四阶段递进路径。

1. 基础建设

构建安全的技术生态，部署本地化 GAI 工具，如 GPT-Lab，分层培训教师，确保其能独立设计 GAI 任务。

2. 教学设计

重构课程目标，融入跨学科任务，如碳中和能源优化，建立"AI 诊断—教师研判—学生自评"三轨评价体系，助力学困生与资优生的表现提升。

3. 动态支持

通过智能反馈触发认知冲突（如反常识示例），并借助自适应平台（如 DreamBox），推送精准资源，从而提升实验获奖率与小组效率。

4. 持续优化

数据驱动的系统迭代（如 EduBrain 预测模型）与区域教师社群协作（如大湾区联盟）相结合，能够孵化优质课例并降低虚拟实验的事故率。实证研究表明，该路径显著缩短了教学周期，提高了高阶思维达标率，并通过开源工具（如 Google Colab）提高了偏远地区学生的实验参与率。未来的技术突破（如脑机接口）将进一步释放教育的潜力，但我们始终需要以教育本质为核心，实现工具与价值的共生发展。

二、GAI 赋能四类高效应用场景

在智能技术驱动教育革新的浪潮下，GAI 正深度重构学科教学模式。GAI 不仅突破了传统课堂在时空与资源上的限制，而且以数据化、可视化、交互化的方式促进了学生核心素养的发展。

GAI 正通过动态场景构建、认知路径建模与多模态交互支持，重塑深度学习环境的设计范式（见表 6-6），其核心在于将传统单向知识传递转化为"问题发现—假设推演—协作验证—实践迁移"的闭环学习生态，使学习过程与真实问题的解决深度融合。

表 6-6　GAI 赋能深度学习常见的应用场景

应用场景	技术工具	教学示例	学生操作
情境创设	GAI 生成 3D 沉浸式环境 +VR 设备	地理——"板块运动模拟"	通过 VR 观察喜马拉雅山脉形成过程，预测未来地形变化

续表

应用场景	技术工具	教学示例	学生操作
假设验证	AI 模拟实验平台（多变量控制）	化学——"催化剂对反应速率的影响"	调整 MnO_2、$FeCl_3$ 等催化剂浓度，实时生成速率曲线与活化能模型
协作探究	AI 协作白板（多模态交互）	生物——"基因编辑伦理辩论"	整合 CRISPR 技术资料，生成正反方论据图谱
成果表达	AI 报告生成+数据可视化工具	环境科学——"城市热岛效应分析"	将温度数据转化为交互式热力图，生成治理建议报告

下面将通过典型示例从学科教学、能力培养与技术融合维度，展现 GAI 如何通过环境重构与智能支持，实现学生高阶思维与复杂问题解决能力的显著性提升。

三、典型示例构建与分析

（一）场景：高中历史探究课堂

课题：工业革命对社会结构的深远影响——基于 GAI 的跨时空数据分析。

（二）教师的课前准备

1. 资源整合与工具配置

（1）文本预处理

使用百度的 ERNIE 模型，对《济贫法》的原始文本进行预处理。该模型不仅可以自动标注关键词，比如"童工""工资纠纷"，还能识别出文本中描述社会矛盾的部分。

（2）数据可视化准备

首先在阿里云 DataV 中导入 19 世纪英国的经济数据集，主要是工人和资本家的收入数据。然后设置好动态可视化的模板，这样在课堂上就可以直接展示数据图表。

（3）模拟环境搭建

利用华为云 ModelArts，并采用蒙特卡洛方法搭建一个模拟政策干预效果的模型。该模型可以帮助学生预测不同政策的选择可能带来的影响。

2. 角色与任务设计

（1）角色档案设计

设计三类历史角色的档案，分别是工厂主、工会领袖和济贫院管理者。为每个角色定义其核心目标以及决策时受到的约束条件，让学生在扮演角色时有明确的方向。

（2）任务模板创建

在腾讯文档中创建协作任务模板。该模板包括数据记录表（方便学生记录分析的数据）、辩论框架（引导学生进行有条理的辩论）以及报告大纲（帮助学生撰写研究报告）。

3. 风险评估与备案

（1）模型测试

测试 ERNIE 模型对文言文翻译的准确性，特别是像"工厂视察员报告"中可能出现的古英语术语，确保模型能够准确地处理这些文本。

（2）离线场景准备

准备一个离线版的 3D 场景包，使用的是腾讯云轻量级引擎。这样即使校园网络出现异常，学生也能够正常访问虚拟环境。

（三）教师的课堂引导

1. 情境导入与工具演示

（1）数据展示引导

展示 DataV 生成的 1820—1850 年阶级收入对比曲线图，引导学生观察曲线的斜率变化。例如，可以提问："为何 1842 年工人收入增速骤降？这可能与哪些历史事件相关？"

（2）文本分析演示

演示 ERNIE 模型的文本分析功能。例如，输入《济贫法》的某一段落，模型可以实时提取出与救济资格、劳动惩罚等政策相关的关键词。

2. 探究路径引导

（1）假设验证指导

如果学生提出提高最低工资的假设，就引导他们在 ModelArts 中模拟资本家可能采取的反制措施。这样学生可以更全面地考虑问题。

（2）跨学科思维被激发

从经济学角度引导学生思考机械化如何影响劳动力的供需关系；从社会学角度探讨可能产生的连锁反应。例如，"从经济学角度看，机械化如何影响劳动力供需？社会学视角下又会产生哪些连锁反应？"

3. 认知冲突设计

（1）对立观点推送

通过腾讯文档的 AI 助手，向学生推送对立的观点。例如，工会领袖认为技术进步加剧了剥削，而工厂主则主张机器提高了全民生活水平。

（2）组织辩论

组织学生围绕这些矛盾点进行辩论。要求学生用 DataV 图表中的数据来证明自己的立场，并预测对方可能使用的论据。

（四）学生的课堂行为

1. 角色化数据探究

（1）工厂主组

使用 ModelArts 模拟引进蒸汽机对利润的影响，寻找成本与罢工风险之间的平衡点。在 DataV 中对比不同年份的阶级收入差距，撰写"机械化效益评估报告"。

（2）工会领袖组

利用 ERNIE 模型分析《工会宣言》，提取集体谈判、权益保障等核心诉求。设计三次罢工策略（警告性、局部、总罢工），用 ModelArts 预测社会动荡指数。

2. 动态政策实验

在 ModelArts 沙盒中，调整《工厂法》的参数（如将童工年龄下限从 10 岁提高到 12 岁），并观测以下变化：资本家成本的变化曲线、工人家庭儿童入学率的热力图。基于这些观测数据，生成多个版本的政策报告。此外，通过讯飞星火模型自动检查报告中的数据矛盾（如"成本降幅与罢工频率的正相关性"）等问题。

3. 多模态成果表达

使用腾讯文档智能模板整合：DataV 动态图表（支持点击筛选 1840s 数据）；ModelArts 模拟视频（政策调整的沙盘推演）；ERNIE 提取的关键词云图（反映社会矛盾焦点）。在小组答辩时，调用讯飞语音合成生成角色独白。

（五）GAI 赋能后的优点

课堂通过 3D 虚拟场景重构（腾讯云引擎）、动态数据推演（华为 ModelArts）与跨学科知识图谱（百度 ERNIE），将历史教学从"单向史实记忆"升维至"多维系统建模"。其核心优势在于：以角色扮演触发深度代入感，让学生在虚拟工业城市中直面劳资矛盾；以 AI 模拟沙盘打破传统课堂的时空限制，实现政策干预的实时因果验证；以本土化知识引擎精准解析文言史料，构建"技术—经济—社会"的关联网络，使学生的批判性思维、系统建模与跨时代迁移能力得到提升，真正实现从"知识积累"到"历史智慧生成"的深度学习跃迁。

在技术落地的实践中，GAI 展现了多维的价值。

其一，认知边界的突破。通过 AR/VR、知识图谱与动态可视化工具，抽象概念得以具象呈现。无论是双曲几何的平行公理，还是《红楼梦》中王熙凤的权力网络，学生都能在沉浸式交互中深化理解。

其二，学习路径的革新。自适应学习系统（如 Khanmigo）依据学生表现动态推送资源，精准满足学困生与资优生的需求，提升了个性化学习的匹配度。

其三，教育公平的推进。开源工具（如 Google Colab）与云端资源共享，提高了偏远地区学生的实验参与率，逐步弥合了技术鸿沟。